AF384579

COLLÈGE CHAPTAL

LE LIVRE

DU CINQUANTENAIRE

(1844-1894)

COLLÈGE CHAPTAL

FONDÉ PAR PROSPER GOUBAUX EN 1844.

LE LIVRE

DU CINQUANTENAIRE

(1844-1894)

PARIS

TYPOGRAPHIE A. HENNUYER

7, RUE DARCET, 7

1895

TABLE DES MATIÈRES

QUATRIÈME PARTIE.

FÊTES DU CINQUANTENAIRE.

CINQUIÈME PARTIE.

RAPPORT AU CONSEIL MUNICIPAL DE PARIS.

CONCLUSION.

Lucie, d'Alfred DE MUSSET. *Sonnet d'Arvers*, avec musique de scène,
par Pierre TRAUT.

TABLE DES GRAVURES

INTRODUCTION

Qu'il nous soit permis, à titre d'introduction, de transcrire ici, en partie du moins, deux lettres écrites à propos du cinquantenaire du Collège Chaptal, l'une à M. Legouvé, l'ami le plus dévoué de Prosper Goubaux, vrai fondateur du Collège, l'autre à M. Alexandre Dumas, son élève le plus aimé peut-être, à en croire certain récit que le grand écrivain se plaît à conter et que rappelle joliment aussi, dans ses *Soixante ans de souvenirs*, M. Legouvé. Ces lettres, en indiquant la raison d'être et l'objet de ce petit volume, nous dispenseront peut-être de le présenter.

A M. Legouvé, à Seine-Port.

MONSIEUR ET CHER MAITRE,

Veuillez m'excuser si, n'ayant pas eu l'honneur de vous rencontrer rue Saint-Marc, je viens troubler votre repos de Seine-Port. Aussi bien, j'ai tout lieu de croire que vous comprendrez mon importunité, quand vous en aurez appris les motifs.

Le Collège doit, le 11 juillet prochain, célébrer son cinquantenaire. Cette cérémonie, il est à peine besoin de le dire, sera un peu comme une fête rétrospective pour son fondateur. Personne au monde, peut-être, n'a mieux connu et plus aimé que vous l'homme de cœur et de talent que nous considérons toujours, tous ici, comme notre grand patron, une sorte de saint laïque. J'ai pensé que, dès lors qu'il devait être beaucoup parlé de lui, vous voudriez bien ne pas garder le silence.

Dans notre ardent désir de vous entendre conter, comme vous savez le faire, vos souvenirs sur un passé d'un si puissant intérêt pour nous, nous avions osé un instant songer à une conférence. Votre séjour à la campagne nous rappelle au respect des convenances, en partie du moins.

Qu'il me soit permis, en effet, d'espérer, monsieur et cher maître, que vous voudrez bien nous donner, en vue d'une petite plaquette que nous préparons pour la circonstance, une notice sur Prosper Goubaux.

Vous n'êtes pas, d'ailleurs, la seule victime de notre affection pour notre vieux Collège. Je compte exercer contre quelques anciens élèves de l'institution Saint-Victor et du Collège Chaptal, MM. Alexandre Dumas et Claretie, par exemple, le même genre de persécution. Ils me pardonneront, je l'espère, comme vous voudrez bien me pardonner vous-même, en faveur de l'œuvre et en souvenir de celui qui en fut, permettez-moi le mot, le premier ouvrier.

Veuillez, etc.

Mai 1894.

A M. Alexandre Dumas, à Marly-le-Roi.

Cher monsieur,

Le Collège, comme j'ai eu l'honneur de vous le dire, doit, le 11 juillet prochain, célébrer son cinquantenaire, tout comme l'École polytechnique a fêté son centenaire ; on fait ce qu'on peut.

Mais il faut aussi s'efforcer de faire le mieux possible ; et c'est pourquoi, en dehors du banquet d'usage et du concert coutumier..., l'idée nous est venue d'une plaquette où se mêleraient, avec la collaboration de quelques amis et d'anciens élèves de M. Goubaux et du Collège Chaptal, de vieux souvenirs d'école et des notes sur l'éducation des jeunes générations.

C'est là, nous a-t-il semblé, la meilleure manière de célébrer, en cette occasion, la mémoire du fondateur de Chaptal, de l'homme d'esprit et de cœur dont vous m'avez si excellemment parlé un soir, chez le docteur T... Telle sera aussi l'opinion de M. Legouvé, qui ne saurait se dérober alors qu'il est question de son vieil ami... Telle est encore celle de M. Claretie, ancien élève du Collège, qui veut bien nous donner une étude « sur l'éducation par le théâtre » ; telle sera la vôtre, j'en ai le ferme espoir, sachant le souvenir que vous avez conservé du directeur de l'ancienne institution Saint-Victor, fondateur du Collège Chaptal.

. . . .

Veuillez, etc.

Juin 1894.

A vrai dire, MM. Legouvé et Dumas avaient en quelque sorte devancé nos désirs. Le premier, dans ses *Soixante ans de souvenirs* parus depuis quelques années, avait, avec une exquise délicatesse de touche, tracé de son collaborateur et ami un vivant portrait. Le second, dans une lettre au journal *le Gaulois,* avait donné sur l'état de la jeunesse actuelle une de ces consultations qui lui sont familières, si troublantes souvent dans leur profonde clairvoyance du moment présent, si pleines de foi pourtant dans le progrès des sociétés futures.

Il nous suffisait alors d'un double emprunt pour donner, dans cette plaquette du cinquantenaire, d'abord à l'ami de Goubaux, puis à l'ancien élève de l'institution Saint-Victor, la place qu'ils ne pouvaient pas ne pas y occuper.

Près d'eux maintenant devaient aussi forcément paraître des représentants des diverses générations de Chaptal : M. Jules Claretie, dont plusieurs lycées et collèges se disputent, et cela se comprend de reste, la paternité, c'était à peu près, qu'on nous pardonne ici de ne parler que par approximation, la génération de 1850 à 1860, MM. Paul Foucher et Ch. Boucher, celle de 1860 à 1870, M. Michel Hirsch, celle de 1870 à 1880, M. Parodi enfin celle qui nous quitte à peine. Chacun d'eux apporta donc sa gerbe de notes et de souvenirs, et c'est de ce faisceau de souvenirs et de notes que s'est en partie formé ce petit volume.

Quelques dessins de professeurs ou d'anciens élèves passés maîtres en leur art, MM. Roll, Dantan, Helleu, etc., vinrent lui donner d'ailleurs encore l'éclat artistique dont se passe malaisément aujourd'hui toute œuvre de librairie.

Est-il besoin de dire en outre que nous avons fait une place aussi aux divers discours prononcés lors du cinquantenaire ? Il nous a semblé en effet que les Chaptaliens, jeunes ou vieux, éloignés de nous, se plairaient peut-être à entendre l'écho des fêtes données à cette occasion, les uns jouissant du présent et curieux de toute actualité, les autres vivant dans le passé et se rattachant plus fortement toujours avec l'âge à leurs années d'autrefois.

On ne s'étonnera pas enfin de trouver ici, avec quelques autres documents, les listes des plus brillants lauréats, de ceux qui eurent, aux distributions de prix, leur moment de gloire. On s'égaye parfois, il est vrai, de ces récompenses scolaires ; les *appelés* de fêtes scolaires ne sont pas toujours, dit-on, les *élus* de la vie. De quoi d'ailleurs, chez nous, ne se moque-t-on pas, mais par besoin seulement de rire, il faut bien l'avouer, sans attacher à la moquerie plus d'importance qu'il ne convient? Quoi qu'il en soit, l'avenir répond plus qu'on ne croit à ces espérances de la première heure.

Ainsi donc, échos du présent, souvenirs du passé, espérances d'avenir, c'est un peu là tout ce que renferme ce petit livre destiné uniquement à la grande famille de Chaptal qui, nous l'espérons, s'y intéressera comme à un livre de famille.

E.-C. Coutant.

Collège Chaptal, 6 octobre 1894.

PREMIÈRE PARTIE

LE FONDATEUR

NOTICE SUR GOUBAUX [1]

Goubaux eut deux professions, deux professions si opposées qu'elles semblent s'exclure, et il se montra aussi éminent dans toutes deux que s'il n'en eût exercé qu'une seule. Il fut auteur dramatique et instituteur. Comme auteur dramatique, il appartient à la race d'élite des créateurs. Comme instituteur, il a sa place parmi les bienfaiteurs publics ; la France lui doit une forme nouvelle d'éducation. Or, de cette double existence si féconde, que reste-t-il ? Pas même un nom. A peine un souvenir. Ses drames sont signés d'un pseudonyme où ne figure que la dernière syllabe de son nom (Dinaux). Son œuvre d'éducation porte un autre nom que le sien. Il aurait dû être deux fois célèbre : il est inconnu.

C'est cet inconnu que je voudrais faire connaître. C'est cette riche et puissante nature, en lutte cinquante ans avec la mauvaise fortune, que je voudrais peindre. Peu d'hommes, en effet, ont été plus doués par la nature et plus maltraités par le sort. L'une lui prodigua tout, l'autre lui disputa tout. Les épreuves cruelles, les obstacles invincibles se dressèrent devant lui à chacun de ses pas. Eh bien, le croirait-on ? quand je cherche le trait caractéristique de cet homme qui a tant travaillé et tant souffert, je ne le trouve que dans ce vers de La Fontaine :

Et le don d'agréer infus avec la vie.

[1] Extrait des *Soixante ans de souvenirs* d'Ernest Legouvé. J. Hetzel, éditeur.

Certes, cependant, ses qualités viriles valaient ses qualités charmantes. Il avait, outre la grâce innée, l'énergie, la persévérance, la foi indomptable ; mais chez lui le charme dominait tout, enveloppait tout, se mêlait à tout et le tirait de tout. D'où venait ce charme ? De sa figure ? Non. De sa tournure ? Non. Un nez plutôt gros, une bouche plutôt grande, des yeux plutôt petits, des joues pleines et roses comme des joues d'enfant ; une belle taille, mais un peu massive dans sa prestance ; un front chauve dès la jeunesse, et où la chevelure n'était représentée que par une petite bande de cheveux châtains et soyeux courant au bas de la nuque d'une oreille à l'autre ; mais de ce front, de ce regard, de cette attitude jaillissait un tel flot de bonté, de gaieté, de cordialité, de sincérité, de sympathie, qu'on ne pouvait voir cette bonne figure sans avoir envie de l'embrasser.

Voilà l'homme, voici sa vie.

I

Certains écrivains valent moins que ce qu'ils produisent. Comment, dira-t-on, les fruits d'un arbre peuvent-ils être meilleurs que l'arbre lui-même ? Je ne sais, mais cela est, sinon pour les arbres, du moins pour quelques écrivains. Des circonstances favorables, le choix, quelquefois dû au hasard, d'un heureux sujet de travail, une bonne position dans le monde, une certaine force de caractère qui concentre toutes les facultés sur un point, ou même une certaine étroitesse d'intelligence qui les enferme dans un ordre d'idées restreint, tout cela fait que quelques hommes placent leur esprit à cent pour cent. Ils mettent dans leurs livres tout ce qu'ils ont de bon, ils n'y mettent pas ce qu'ils ont d'inférieur ; l'heureuse chance fait le reste, et l'on est tout surpris parfois de rencontrer des gens presque célèbres qui sont des gens presque médiocres.

Tout autre est une classe d'esprits qui, semblables à certains soleils dont le disque se lève sans couronne de rayons, ont, eux aussi, plus de foyer que de rayonnement.

On ne les connaît pas tout entiers quand on ne les connaît que par leurs ouvrages, car le vrai livre où il faut les lire c'est leur esprit même, c'est leur cœur, c'est leur entretien, c'est leur vie. Que leur a-t-il donc manqué pour donner au monde leur entière mesure? Quel défaut ont-ils eu? Quel défaut? Une ou deux qualités de trop, peut-être. Dieu les avait doués trop libéralement : ils aimaient trop de choses ; ils étaient propres à trop de choses. Leurs aptitudes presque universelles les entraînaient sans cesse en des travaux différents, où le public perdait haleine à les suivre ; parfois aussi a pesé sur eux la sombre devise de Bernard Palissy : *Pauvreté empêche les bons esprits de parvenir*.

Tel fut Goubaux.

Rien de plus humble que son origine. Sa mère tenait une boutique de mercerie dans la rue du Rempart, détruite aujourd'hui et voisine alors du Théâtre-Français. Son enfance fut plus qu'éprouvée, elle fut malheureuse ; un beau-père dur et même cruel fit de l'autorité paternelle une tyrannie, presque une torture. L'enfant en souffrit, mais, chose rare, son âme ne s'y altéra point. Il fut maltraité pendant six ans sans devenir méchant; il fléchit pendant six ans sans devenir faible; il trembla pendant six ans sans devenir craintif.

Sa première conquête intellectuelle fut un tour de force. Il avait déjà neuf ans, je crois, et il savait à peine ses lettres ; il ne voulait pas apprendre à lire. Sa mère employa un moyen fort ingénieux pour l'y forcer. Elle prit un volume de contes et commença à lui en lire un; le début enchanta l'ardente imagination de l'enfant; mais tout à coup, au milieu de l'histoire, quand la mère tint bien devant elle, attentif et les yeux fixes, son petit auditeur, qui l'écoutait en futur auteur dramatique, elle ferma le livre et lui dit : « Lorsque tu voudras « savoir le reste, tu le liras toi-même. » Onze jours après, il le lisait.

Entré au collège gratuitement, il fit des études si brillantes que, dans sa classe de rhétorique, il obtint un honneur, partagé à peu près vers le même temps par deux hommes devenus illustres, M. Cousin et M. Villemain : en l'absence du professeur, Goubaux occupa quelquefois sa chaire et devint le maître de ses condisciples. Dès ce moment, se remarqua en lui une double qualité très rare : il était également propre à apprendre et à enseigner ; cette universelle faculté de compréhension, cette merveilleuse lucidité d'intelligence qui lui rendait facile l'étude des langues comme celle des sciences exactes, la connaissance de l'histoire comme celle de la musique, il les portait dans l'enseignement. Né maître, pour ainsi dire, il l'était si naturellement, avec si peu d'effort, avec une parole coulant si bien de source, que sa facilité gagnait ses élèves ; il n'y avait pas moyen de comprendre avec peine ce qu'il avait si peu de peine à expliquer. La clarté de l'esprit avait chez lui le caractère qui semble réservé à la bonté seule : elle était contagieuse. Puis il aimait tant tout ce qui s'apprend ! Il aimait tant tous ceux auxquels il apprenait quelque chose ! Qui aurait pu lui résister ? On devient forcément un bon élève quand on trouve le cœur d'un ami sur les lèvres d'un maître.

Bien lui prit, du reste, d'avoir bon nombre de leçons, car, à dix-neuf ans il était marié, et à vingt ans il était père ; aussi m'a-t-il souvent conté que, pour augmenter son petit budget, il allait, plusieurs fois par mois, mettre en ordre les comptes d'un bureau de loterie, et qu'il en revenait à deux heures du matin, chantant et frappant de sa canne sur les bornes avec des airs de conquérant ; on lui avait donné quarante sous et le souper.

Quelques années après, cependant, cette intelligence, qu'on ne surfait pas en l'appelant merveilleuse, lui valut une proposition presque égale à une fortune. Un homme habile vint le trouver et lui dit : « Monsieur, vous avez beaucoup de savoir, et moi je n'en ai pas du « tout ; mais vous n'avez pas du tout d'argent, et moi j'en ai. Si nous « faisions du Florian en prose ? Si nous réalisions la fable de *l'Aveugle*

« *et le Paralytique?* Associons-nous pour fonder un pensionnat. Cha-
« cun apportera son capital ; vous, votre intelligence, moi mes écus,
« et nous partagerons les bénéfices. » Jugez s'il accepta ! La pension
Saint-Victor fut fondée, et voilà le jeune professeur, chef d'un grand
établissement. Cependant l'achat du matériel et du pensionnat avait
coûté fort cher ; il fallut appeler un autre associé, et l'on souscrivit,
pour dernier payement, un billet de 45 000 francs, payable à six mois
d'échéance. Deux noms furent inscrits sur le billet, quoiqu'une seule
personne dût le payer, bien entendu, et Goubaux rit beaucoup en donnant sa signature ; il lui semblait plaisant que son nom fût censé valoir
45 000 francs ; cela lui donnait un air de raison sociale qui flattait
beaucoup son amour-propre. Au bout de six mois, la veille de
l'échéance, l'autre signataire disparaît, et le pauvre jeune homme reste
sous le coup de cette dette énorme, sans un sou pour l'acquitter. Quel
fut son désespoir, on le devine. Et cependant lui-même ne comprit
pas d'abord toute l'étendue de son malheur, car ces 45 000 francs
furent le fléau de toute sa vie. Qu'est-ce donc, après tout, dira-t-on,
qu'une dette de 45 000 francs ? Ce que c'est ? C'est un fardeau de
200, de 300, de 400 000 francs peut-être, car c'est le pacte avec
l'usure ; j'ai connu Goubaux empruntant à 18 pour 100. Ce sont des
journées et des prodiges d'intelligence employés à renouveler un
billet ; c'est un esprit supérieur et destiné aux belles choses, s'épui-
sant à conjurer un papier timbré, à éviter une menace brutale, à
substituer un créancier à un autre ; c'est la terreur éternelle et croissante de chaque fin de mois ; c'est la nécessité de manquer vingt fois
à sa promesse : ce sont les reproches essuyés, les insomnies, les
moyens désespérés ; c'est enfin le pire, le plus affreux des esclavages,
l'esclavage de la dette. Certes, Goubaux aurait pu, comme tant
d'autres et plus honnêtement que beaucoup d'autres, car il était puni
sans avoir été coupable, déposer son bilan. Mais il avait vingt-cinq
ans, il avait tout le chevaleresque de l'honneur, il se sentait plein de
de force, d'intelligence ; et puis enfin il avait signé. Il jura donc

de payer, et il paya ; mais il employa quarante-quatre ans à payer ces 45 000 francs, et, quand il mourut, il était à peine libéré de la veille.

La première crise de cette longue lutte fut terrible. Un jour il se crut perdu ; il avait à payer pour le lendemain une somme de 12 000 francs, et il n'en avait pas le premier louis. Ce mot terrible et qui lui déchirait les lèvres et le cœur, il fallait le prononcer, il fallait faire faillite. Retiré avec quelques parents dans une chambre au cinquième étage, il ne voyait autour de lui que larmes et désespoir... Lui seul ne désespérait pas, il cherchait toujours. A ce moment, une voiture, passant dans la rue, ébranle les vitres de la pauvre chambre. « Oh ! ces hommes à « équipage ! ces riches égoïstes ! s'écrie un des assistants. Penser « que pour celui qui passe là en ce moment, dans cette splendide « voiture, ces 12 000 francs ne seraient rien, et que si on les lui « demandait, à lui ou à ses pareils, pas un d'eux ne nous prêterait « 500 francs. » Goubaux, à cette parole, relève la tête. On accusait les hommes, cela lui semble une injustice. Il répond : « Pourquoi « vous en prendre à ce riche qui passe et que vous ne connaissez pas ? « Qui vous dit que, s'il savait mon malheur, il ne me viendrait pas en « aide ? — Voilà bien ton insupportable optimisme. — Cet optimisme « n'est que de l'équité. — De l'équité ? Tu as demandé appui à vingt « personnes, elles t'ont toutes refusé. — Elles ne pouvaient rien. « — Celui qui passait dans cette voiture pourrait quelque chose, lui ; « va donc frapper à sa porte. — Eh bien, s'écrie Goubaux, j'irai, « sinon à lui, du moins à quelqu'un qui est riche comme lui, que je « ne connais pas plus que lui et qui ne me refusera pas. — Tu es fou. « — C'est ce que nous allons voir. » Il part, court chez lui, prend une plume et écrit. A qui ? A M. Laffitte, qu'il n'avait jamais vu ; il lui raconte en quelques lignes très simples... Mais laissons-le parler lui-même :

RYENE & CONQUET. IMP

« Monsieur,

« J'ai vingt-cinq ans, trois enfants, de l'honneur, peut-être quelque talent, on me l'a dit. On a spéculé sur un nom sans tache pour élever un établissement. Douze mille francs de dettes pèsent sur moi ; dans trois jours le déshonneur m'attend.

« Quand les hommes vous repoussent, on s'adresse à la Providence. J'ai recours à vous. M. Delanneau, qui me traite en fils adoptif, vous dira qu'un bienfait sollicité avec tant de franchise peut être accordé avec confiance. C'est l'honneur pauvre qui s'adresse à l'honneur riche.

« Mon sort est entre vos mains ; j'attends votre réponse dans votre antichambre.

« Ma famille attend plus loin. Ai-je trop présumé ?

« J'ai l'honneur d'être, etc.

« P. Goubaux. »

M. Laffitte le fait entrer, l'examine un moment. La lettre l'avait touché, ce regard d'honnête homme le touche plus encore, et, cinq minutes après, le pauvre chef d'institution était sauvé.

II

Goubaux avait sur l'éducation publique des idées très acceptées aujourd'hui, grâce à son initiative, mais bien nouvelles et bien hardies quand il osa les formuler pour la première fois. Ce qui le frappait avant tout, c'était le désaccord entre l'enseignement de l'Etat et l'esprit de la société moderne. D'un côté, il voyait le monde tendre de plus en plus vers l'industrie, le commerce, l'agriculture, les sciences appliquées ; il entendait beaucoup de pères désirer pour leurs enfants une profession industrielle et réclamer à cet effet des études spéciales ; et, en même temps, il remarquait que l'éducation universitaire ne répondait en rien à ce besoin ; la littérature en était le seul objet ; il n'y avait pas d'enseignement professionnel. Cette anomalie choquait l'esprit essentiellement moderne de Goubaux, cette lacune le tourmentait ; il sentait là depuis longtemps une création à faire ; mais comment y parvenir ? Tout lui était obstacle ; d'abord son institution même : ses élèves suivaient les cours du collège. Comment introduire l'éducation nouvelle dans cet établissement sans le détruire, et comment résister à sa destruction ? Puis, que de difficultés préliminaires et insurmontables ! L'Université ne s'élèverait-elle pas contre cette innovation ? Le ministère de l'instruction publique la permettrait-il ? Ni M. J. Simon, ni M. Duruy, n'étaient ministres alors, et M. Villemain m'avait dit à moi : « *Un collège français en France, jamais !* » De plus n'entendait-on pas déjà de toutes parts les protestations d'une foule d'esprits éminents et sérieux, qui disaient qu'ôter aux études cette base solide et morale de l'éducation classique, c'était décapiter les intelligences, matérialiser notre siècle et faire de l'argent à gagner le seul but de la vie ? Goubaux leur répondait, avec l'autorité de sa longue expérience : « Pourquoi cette éducation serait-elle moins « propre que l'autre à élever les cœurs et les esprits ? Tout ce qu'il « y a d'exemples héroïques, de leçons de patriotisme, de modèles « de force d'âme, est-il donc renfermé dans les œuvres grecques « et latines ? Tout ce que la poésie répand d'idéal dans la vie et « dans l'âme se trouve-t-il donc contenu et comme emprisonné dans « les poèmes de Virgile et d'Homère ? Le monde de la science que « nous voulons ouvrir aux jeunes esprits, ce monde qui n'est rien « moins que le ciel et la terre tout entière, ne vaut-il pas bien, comme « moyen d'éducation, l'étude de quelques discours de Tite-Live ou « de Tacite ? La contemplation intelligente de toutes les grandeurs « de la création et de toutes les conquêtes de la créature apprendra- « t-elle moins bien aux jeunes gens à connaître Dieu et à devenir « hommes, que l'interprétation souvent incertaine des restes d'une « langue morte et d'un peuple évanoui ? Enfin, l'étude de la France, « de la langue française, de la littérature française, ne mérite-t-elle « pas de figurer au premier rang dans notre éducation publique ? N'y

« aura-t-il donc pas de collèges français en France ? » Ces paroles touchaient beaucoup d'hommes éminents, mais on lui demandait des faits pour soutenir ses paroles.

Dès lors son dessein fut arrêté ; pour le mettre à exécution, il prit un parti héroïque : l'héroïsme est parfois de la sagesse. Sa pension comptait à peu près cent élèves ; il en remercia soixante, tous ceux qui suivaient les cours du collège, et resta avec les quelques adeptes de la nouvelle méthode. C'était, ce semble, se suicider. Comment vivre avec quarante élèves, quand on vit à peine avec cent ? La position était d'autant plus grave que son institution ne lui appartenait pas à lui seul. C'était le gage de ses créanciers. Renvoyer la moitié de ses élèves, c'était leur enlever la moitié de leurs sûretés. Il ne s'agissait donc plus d'obtenir seulement d'eux un sursis ou un prêt, il fallait les faire consentir au sacrifice de leur nantissement. Il fallait les conquérir à son idée, à ses espérances ; il fallait leur souffler sa foi au cœur. Eh bien, au bout d'une heure d'entretien, ils étaient non seulement vaincus, mais convaincus ; non seulement désarmés, mais convertis. Grâce à sa persuasive et primesautière éloquence, il changea ses créanciers en prêteurs ; non seulement ils ne lui demandèrent pas d'argent, mais ils lui en offrirent. Des gens qui auraient volontiers accusé la fourmi de prodigalité se disputèrent le plaisir et l'honneur de lui donner le temps d'attendre le succès de son idée. Mais ce concours et ce secours ne suffisaient pas. Bien des dettes arriérées le tiraillaient et l'arrêtaient encore, lorsqu'un matin, comme toujours, sortit pour lui de terre, descendit du ciel, un *Deus ex machina* qui intervint au moment voulu pour l'aider à marcher de l'avant. Il est vrai que, comme toujours aussi, il était pour moitié dans cette intervention miraculeuse ; le miracle venait d'une de ses anciennes bonnes actions. Le 10 juin 1855, voici la lettre que je reçus de lui :

« Mon cher ami,

« Il m'arrive un de ces bonheurs et une de ces joies comme ma vie en compte bien peu. La joie, c'est d'avoir vu un de mes élèves d'autrefois revenir sur un passé déjà bien éloigné et se reconnaître, vis-à-vis de moi, chargé d'une dette à laquelle je n'avais jamais pensé. Le bonheur, c'est de me trouver pour un an exempt de préoccupation et d'inquiétude. Cela ne m'était pas arrivé depuis 1820 ; oui, mon cher ami, Gilbert (1), établissant un calcul dont il ne pouvait trouver les éléments que dans la piété de ses souvenirs, car je n'avais jamais pensé qu'il me dût un sou, Gilbert m'a apporté hier *six mille francs*. C'est le premier usage qu'il a voulu faire de sa fortune nouvelle.

« Quelque inespéré et efficace que me fût ce secours, j'ai été encore plus touché de l'action que de l'argent, et si j'ai eu un instant des larmes dans les yeux, c'est qu'en écoutant Gilbert j'étais content de mon œuvre. J'ai hésité pour savoir si j'irais vous conter cela, mais j'ai craint d'être faible. Je suis plus sûr de moi en écrivant qu'en parlant.

« Adieu, mon bon fidèle de 1837, mon fidèle du jour où j'ai entrepris ce que j'espère aujourd'hui d'achever. Je vous serre les mains, et j'embrasse votre femme et votre fille.

« GOUBAUX. »

Voilà, certes, une lettre bien touchante. Il y manque pourtant un post-scriptum. Le nom de Gilbert en appelle un autre, celui d'Alexandre Dumas fils. Dumas avait été aussi l'élève de Goubaux un peu avant Gilbert. Un jour, le bruit se répand que son père a péri dans un naufrage sur les côtes de la Sicile. Goubaux le fait venir et lui dit : « Mon cher enfant, j'espère que cette nouvelle est fausse, « mais, si elle était vraie, souvenez-vous que cette maison est la « vôtre. Dieu me garde de prétendre à remplacer votre père, mais je « ferai tout ce que je pourrai pour vous le rappeler. » Or, c'était vers 1834, c'est-à-dire au moment de ses plus terribles embarras d'argent, que Goubaux pensait à s'imposer cette nouvelle charge. Ses

---

(1) M. Gilbert, élevé gratuitement par Goubaux, venait de faire un très honorable et riche mariage. Il est l'auteur de deux études couronnées par l'Académie, sur *Vauvenargues* et sur *Regnard*.

propres malheurs, au lieu de l'absorber tout entier, ne faisaient jamais
que lui rendre plus sensibles les malheurs qui n'étaient pas les siens.
A demi perdu, il pensait encore à sauver les autres. Ajouterai-je que
Dumas fit comme Gilbert? Il se souvint plus tard, lui aussi, d'une
dette semblable que Goubaux avait oubliée. Grâce à tous ces témoignages de gratitude, et malgré toutes ses propres générosités, Goubaux touchait au but. Il lui fallut, cependant, pour l'atteindre, franchir
une nouvelle étape, plus dure pour lui que pour un autre.

Toute idée semblable à la sienne demande, pour être menée à
bien, trois hommes : un inventeur, un organisateur et un administrateur. Or, Goubaux était un inventeur de premier ordre, un organisateur du second et un administrateur du sixième, pour ne pas dire du
dernier. Heureusement, il lui vint l'idée de charger quelqu'un de ces
fonctions administratives qui lui convenaient si mal. Qui fut ce quelqu'un? La Ville de Paris. Après avoir d'abord réclamé et obtenu son
patronage, il lui proposa hardiment de se mettre en son lieu et place.
La Ville accepta. La pension Saint-Victor prit successivement le nom
d'*École François Ier*, d'*École Chaptal*, de *Collège municipal Chaptal*, et
Goubaux changea son titre de chef d'institution en celui de directeur.
C'était plus que la libération, c'était l'aisance. Débarrassé enfin de
ses dettes et de ses angoisses, il put, de la fenêtre de ce cabinet de
travail où il avait tant souffert et tant pensé, il put voir affluer dans ses
cours élargies plus de huit cents élèves, voir les murs de la pauvre
petite maison mère se reculer, envahir les terrains environnants,
s'étendre dans tout le quartier, déposséder les hôtels contigus et
devenir enfin le centre d'une nouvelle instruction publique en France.
Mais ce n'était pas assez pour Goubaux d'avoir fondé l'œuvre ; il
voulut, avant de mourir, en assurer l'avenir, et il le fit par un de ces
traits qui achèvent de le peindre.

A l'époque où il n'était encore que le chef de l'institution Saint-
Victor, il avait pour concierge un homme qu'il estimait et aimait particulièrement. Ce concierge avait un fils, ce fils était intelligent ;

Goubaux le remarqua et l'arracha à la loge, non, je me trompe, il ne l'en arracha pas, il l'y laissa, car cette loge était la maison paternelle pour l'enfant, et Goubaux ne voulut pas qu'il en rougît.

Il le fit donc monter dans les classes, coucher dans les dortoirs, prendre place dans la chapelle, jouer dans les cours; mais, souvent, à l'heure des récréations, l'enfant allait s'asseoir à côté de son père et tirait le cordon avec lui. Or, sait-on quel fut le résultat de cette éducation? Sait-on ce que devint l'enfant? Le second de son maître! le successeur de son maître! le continuateur de son maître! Il dirige aujourd'hui, avec un mérite qui est un titre d'honneur de plus pour celui qui l'a deviné, ce magnifique Collège municipal Chaptal qui est une des gloires de la Ville de Paris et qui lui rapporte parfois près de cent mille francs par an. Or, le croirait-on? Voilà vingt-sept ans que Goubaux est mort, et depuis vingt-sept ans il n'y a pas eu à l'Hôtel de ville un préfet de la Seine, ni un conseil municipal que je n'aie ardemment sollicité, non de substituer mais d'adjoindre sur la porte de ce Collège au nom de Chaptal, qui n'y est absolument pour rien, le nom de Goubaux, qui y a tout fait, et je n'ai pas pu l'obtenir! M. Haussmann, M. Jules Ferry, M. Calmon, M. Léon Say, tous, tous, je les ai poursuivis de ma requête, et tous ne m'ont payé que de vaines promesses.

J'allai un jour jusqu'à M. Thiers. C'était à Versailles, le 1ᵉʳ janvier 1873, M. Thiers m'ayant amicalement invité à déjeuner :

« Monsieur le président de la République, lui dis-je gaiement en « nous mettant à table, voulez-vous me donner mes étrennes?

« — Très volontiers, cher confrère, répondit-il en riant. De quoi « s'agit-il?

« — De rendre justice à un homme qui a rendu un grand service « à l'Etat. »

Là-dessus, je lui raconte l'affaire de Goubaux, ajoutant que l'inscription de son nom sur le fronton de la porte du Collège était son droit, était l'héritage d'honneur de ses enfants, serait une leçon pour tous les élèves, et le seul moyen pour la Ville de Paris de s'acquitter vis-à-vis de lui.

« Vous avez cent fois raison, » reprit M. Thiers avec cette viva- cité spontanée qui était un de ses charmes ; puis, se retournant vers M. Barthélemy Saint-Hilaire : « Vous entendez, Saint-Hilaire, veuil- « lez écrire au préfet de la Seine que j'exige ce que Legouvé me « demande. » M. Barthélemy Saint-Hilaire écrivit, le préfet reçut la lettre, y répondit, et puis... rien ne fut fait...

N'importe (1)!... Goubaux n'en est pas moins le créateur de l'enseignement professionnel en France ! Gardons-nous donc d'atta- cher je ne sais quel crêpe de deuil à son souvenir. Il ne nous le par- donnerait pas, lui qui opposa toujours à toutes les bourrasques de la fortune un front non seulement impassible, mais un front riant. Je puis dire, en effet, que je n'ai jamais connu un homme si gai que cet homme si malheureux. Du fond de ses plus sombres angoisses, il lui partait parfois soudainement un éclat de rire, comme un rayon de soleil perce et dissipe un amas de nuages. Dans une lettre à ma fille, après le récit d'un de ces mille embarras où il se débattait toujours, il ajoute : « Ah ! à propos, nous dînons jeudi chez les Gilbert. Je « n'ai pas encore faim, mais cela viendra. » Un de ses derniers colla- borateurs fut Michel Masson, le doux Michel Masson qui, avec ses longs cheveux bouclés, argentés et sa physionomie placide, avait l'air d'un petit mouton blanc. Un jour qu'il travaillait avec Goubaux à je ne sais plus quel drame, Goubaux lui propose une idée. Elle ne plaît qu'à demi à Masson, qui, avec mille réticences, mille atténua- tions, insinue timidement tout bas, à son collaborateur, que son idée n'est peut-être pas très bonne.

(1) Parole de découragement, semble-t-il. — Il n'aurait pas fallu connaître M. Legouvé pour croire qu'il renonçait à ce qu'il considérait à si juste titre comme un acte de justice. Sa requête, présentée de nouveau et toujours à l'occasion du cinquantenaire du Collège, a reçu enfin, auprès de qui de droit, un accueil favo- rable. (Voir page 120.)

« Ah ! bien alors, Masson, s'écrie Goubaux en se levant, *si vous vous emportez !*... »

Ce qu'il y avait d'admirable dans sa gaieté, c'est qu'elle n'était pas seulement de la fantaisie, de l'imagination, de l'esprit ; c'était une des formes de sa vaillance. En vain paraissait-il abandonné de Dieu et des hommes, il ne s'abandonnait jamais ! Une femme de ses amies et des miennes disait de lui : « Si M. Goubaux tombait à la mer, il « serait noyé depuis une heure qu'on verrait encore ses deux mains « s'agiter au-dessus de l'eau et appeler au secours. » Voilà l'homme. Il crut, il espéra, il aima ; c'est ce qui le sauva.

Ernest Legouvé.

DEUXIÈME PARTIE

QUESTIONS D'ÉCOLE
ET SOUVENIRS DE COLLÈGE

LA JEUNESSE DES ÉCOLES

SES IDÉES PHILOSOPHIQUES ET MORALES

Le Gaulois avait demandé à M. Alexandre Dumas, en présence des mouvements philosophiques divers qui se produisaient dans les milieux scolaires, son opinion sur ce qu'on appellerait aujourd'hui *l'état d'âme de la jeunesse des écoles*. M. Dumas a répondu par la lettre suivante :

« CHER MONSIEUR,

« Vous me demandez mon opinion sur les aspirations qui paraissent se produire parmi les jeunes gens des écoles, et sur les polémiques qui ont précédé et suivi les incidents de la Sorbonne. Je voudrais bien ne plus donner mon opinion sur quoi que ce soit, ayant bientôt reconnu que cela ne sert de rien. Les gens qui étaient de notre avis avant continuent à en être pendant quelque temps encore ; ceux qui étaient d'un avis contraire s'y obstinent de plus en plus. Mieux vaudrait ne jamais discuter. Les opinions sont comme les clous, a dit un moraliste de mes amis, plus on tape dessus, plus on les enfonce.

« Ce n'est pas que je n'aie mon opinion sur ce qu'on appelle les grandes questions de ce monde et sur les diverses formes dont l'esprit de l'homme revêt momentanément les choses dont elles traitent ; cette opinion est même si correcte, si absolue, que je préfère la réserver pour ma direction personnelle, n'ayant l'ambition ni de rien créer ni de rien détruire. C'est à ces grosses questions politiques, sociales, philosophiques, religieuses, qu'il me faudrait remonter, et cela nous mènerait trop loin, si je vous suivais dans l'étude que vous projetez des petits phénomènes extérieurs qu'elles viennent de susciter et qu'elles suscitent à chaque génération nouvelle. Chaque génération nouvelle arrive, en effet, avec des idées et des passions, vieilles comme la vie, qu'elle croit que personne n'a eues avant elle, parce qu'elle se trouve, pour la première fois, sous leur influence, et elle est convaincue qu'elle va changer la face de tout.

« Ce grand problème des causes et des fins que l'humanité essaye de résoudre depuis des milliers d'années et qu'elle mettra des milliers de siècles peut-être à résoudre, si elle le résout jamais, ce que je crois devoir être, des enfants de vingt ans déclarent qu'ils en ont la solution irréfutable dans leurs cervelles toutes neuves. Et comme premier argument, à la première discussion, les voilà qui tapent sur ceux qui ne sont pas de leur avis. Doit-on en conclure qu'il y a là un signe du retour de toute une société vers l'idéal religieux, provisoirement obscurci et délaissé ? Ou n'est-ce, chez tous ces jeunes apôtres, qu'une question purement physiologique, question de chaleur de sang et de vigueur de muscles, chaleur et vigueur qui jetaient la jeunesse d'il y a vingt ans dans le mouvement contraire ? Je penche pour cette dernière supposition.

« Bien fou qui verrait dans les manifestations d'un âge exubérant la preuve d'une évolution définitive ou même durable. Il n'y a là qu'un accès de fièvre de croissance. De quelque nature que soient les idées pour lesquelles les jeunes gens se donnent des coups de poing, on peut parier qu'ils les combattront un jour s'ils les retrouvent dans leurs enfants. L'âge et l'expérience seront venus.

« Nombre de ces combattants et de ces adversaires de l'heure présente se rencontreront, tôt ou tard, dans les chemins de traverse de la vie, quelque peu fatigués, quelque peu déçus par la lutte avec les réalités, et ils regagneront ensemble la grande route, la main dans la main, en reconnaissant mélancoliquement que, malgré leurs convictions d'autrefois, la terre est toujours ronde, qu'elle tourne toujours dans le même sens, et que les mêmes horizons recommencent toujours sous un ciel toujours infini et fermé.

« Après avoir bien disputé, après s'être bien battus, ceux-ci au nom de la foi, ceux-là au nom de la science, tant pour prouver qu'il y a un Dieu que pour prouver qu'il n'y en a pas, deux propositions au sujet desquelles on pourra se battre éternellement si l'on ne compte désarmer que quand on aura fait la preuve, ils constateront finalement qu'ils n'en savent pas plus là-dessus les uns que les autres, mais que ce dont ils sont sûrs, c'est qu'en définitive l'homme a autant besoin d'espérer, si ce n'est plus, que de savoir ; qu'il souffre abominablement de l'incertitude où il est sur les choses qui l'intéressent le plus ; qu'il est perpétuellement en quête d'un état meilleur que son état présent, et qu'il faut le laisser chercher, en toute liberté, surtout dans le domaine philosophique, ce moyen d'être plus heureux.

« Il a sous les yeux le spectacle d'un univers qui était avant lui, qui demeurera après lui, qu'il sent, qu'il sait être éternel et à l'éternité duquel il voudrait être mêlé. Du moment où il a été appelé à la vie, il demande sa part de cette vie éternelle qui l'entoure, l'exalte, le raille et le détruit. Puisqu'il a commencé, il ne veut pas finir. Il appelle à grands cris, il implore à voix basse la certitude qui se dérobe toujours, heureusement, car elle serait l'immobilité et la mort, le moteur le plus puissant de l'énergie humaine étant l'inconnu. Comme il ne peut se fixer dans la certitude, il va et vient dans l'idéal vague, et quelques écarts qu'il fasse dans le scepticisme et la négation, par orgueil, par curiosité, par colère, par mode, il retourne toujours à l'espérance dont il ne peut décidément pas se passer. Querelles d'amoureux.

« Il y a donc quelquefois obscuration, il n'y a jamais oblitération complète de l'idéal humain. Il passe dessus des buées philosophiques comme des nuées sur la lune, mais l'astre blanc poursuit toujours sa route, où il reparaît tout à coup intact et lumineux. Cet irrésistible besoin d'idéal, chez l'homme, explique qu'il se soit jeté avec confiance, avec ravissement, sans contrôle rationnel, dans les différentes formules religieuses qui, tout en lui promettant l'infini, le lui présentaient conforme à sa nature, en même temps qu'elles l'enfermaient dans des limites, toujours nécessaires, même à l'idéal.

« Mais voilà que, depuis des siècles déjà, à chaque nouvelle étape, des hommes nouveaux sortent de l'ombre, de plus en plus nombreux, depuis cent ans surtout, qui, au nom de la raison, de la science, de l'observation, contestent les vérités, les déclarent relatives et veulent détruire les formules qui les contiennent.

« Qui a raison dans ce débat ? Tout le monde tant qu'on cherche, personne dès qu'on menace. Entre la vérité qui est le but et le libre examen qui est de droit, la force n'a rien à faire, malgré des exemples fameux. Elle recule ce but, voilà tout. Elle n'est pas seulement inique, elle est inutile, le pire défaut en matière de civilisation. Jamais un coup de poing, si bien appliqué qu'il soit, ne prouvera l'existence ou la non-existence de Dieu.

« Pour conclure, ou plutôt pour finir, la puissance, quelle qu'elle soit, qui a créé le monde, lequel ne me paraît définitivement pas s'être créé lui-même, s'étant, jusqu'à nouvel ordre, réservé à elle seule, tout en nous prenant pour instruments, le privilège de savoir pourquoi elle nous a faits et où elle nous mène ; cette puissance, malgré toutes les intentions qu'on lui a prêtées et toutes les sommations qu'on lui a faites, paraissant de plus en plus résolue à garder son secret, je crois, si je puis dire ici tout ce que je pense, que l'humanité commence à renoncer à pénétrer ce mystère éternel. Elle est allée aux religions, qui ne lui ont rien prouvé, puisqu'elles étaient diverses ; elle est allée aux philosophies, qui ne lui en ont pas démontré davantage, puisqu'elles étaient contradictoires ; elle va essayer, maintenant, de se tirer d'affaire toute seule, avec son simple instinct et son simple bon sens, et, puisqu'elle est sur la terre sans savoir pourquoi ni comment, elle va tâcher d'être aussi heureuse que possible, par les seuls moyens que la terre lui fournit.

« Dernièrement Zola, dans un remarquable discours aux étudiants, leur a conseillé comme remède et même comme panacée à toutes les difficultés de la vie, le travail. *Labor improbus omnia vincit.* Le remède est connu ; il n'en reste pas moins bon, mais il n'est pas, il n'a jamais été, il ne sera jamais suffisant. Qu'il travaille de ses membres ou de son intelligence, l'homme ne saurait avoir pour unique souci de gagner son pain, de faire sa fortune, de devenir célèbre. Ceux qui se réduisent à ces seuls desseins sentent, alors même qu'ils les ont réalisés, qu'il leur manque encore quelque chose ; c'est que, quoi qu'il fasse, quoi qu'il dise et quoi qu'on lui dise, l'homme n'a pas seulement un corps à nourrir, une intelligence à cultiver et à développer, il a, décidément, une âme à satisfaire. Cette âme, elle aussi, est en travail incessant, en évolution continue vers la lumière et la vérité. Tant qu'elle n'aura pas reçu toute la lumière et conquis toute la vérité, elle tourmentera l'homme.

« Eh bien, elle ne l'a jamais autant harcelé, elle ne lui a jamais autant imposé son empire qu'aujourd'hui. Elle est, pour ainsi dire, répandue dans la masse de l'air que tout le monde respire. Les quelques âmes individuelles qui avaient eu isolément la volonté de la régénération sociale se sont peu à peu cherchées, appelées, rapprochées, réunies, comprises, et elles ont formé un groupe, un centre d'attraction vers lequel volent maintenant les autres âmes, des quatre points du globe, comme font les alouettes vers le miroir ; elles ont, de la sorte, constitué, pour ainsi dire, une âme collective, afin que les hommes réalisent désormais, en commun, consciemment et irrésistiblement, l'union prochaine et le progrès régulier des nations récemment encore hostiles les unes aux autres. Cette âme nouvelle, je la retrouve et la reconnais dans les faits qui semblent les plus propres à la nier.

« Ces armements de tous les peuples, ces menaces que leurs représentants s'adressent, ces reprises de persécutions de races, ces inimitiés entre compatriotes et jusqu'à ces gamineries de la Sorbonne sont des exemples de mauvais aspect, mais non de mauvais augure. Ce sont les dernières convulsions de ce qui va disparaître. Le corps social procède comme le corps humain. La maladie n'y est que l'effort violent de l'organisme pour se débarrasser d'un élément morbide et nuisible.

« Ceux qui ont profité et qui comptaient profiter longtemps encore, toujours, des errements du passé, s'unissent donc pour qu'il n'y soit rien modifié. De là ces armements, ces menaces, ces persécutions ; mais si vous regardez attentivement, vous verrez que tout cela est purement extérieur. C'est colossal et vide. L'âme n'y est plus ; elle a passé autre part ; ces millions d'hommes armés qui font l'exercice tous les jours, en vue d'une guerre d'extermination générale, ne haïssent pas ceux qu'ils doivent combattre, et aucun de leurs chefs n'ose déclarer cette guerre. Quant aux revendications, même comminatoires, qui partent de ceux qui souffrent en bas, une grande et sincère pitié, qui les reconnaît enfin légitimes, commence à répondre d'en haut.

« L'entente est inévitable, dans un temps donné, plus proche qu'on ne le suppose. Je ne sais pas si c'est parce que je vais bientôt quitter la terre, et si les lueurs d'au-dessous de l'horizon qui m'éclairent déjà me troublent la vue, mais je crois que notre monde va entrer dans la réalisation des paroles : « Aimez-vous les uns les autres, » sans se préoccuper, d'ailleurs, si c'est un homme ou un dieu qui les a dites.

« Le mouvement spiritualiste qu'on signale de toutes parts, et que tant d'ambitieux ou de naïfs croient pouvoir diriger, va être absolument humanitaire. Les hommes, qui ne font rien avec modération, vont être pris de la folie, de la fureur de s'aimer. Ça n'ira pas tout seul tout de suite, évidemment ; il y aura quelques malentendus, sanglants peut-être, tant nous avons été dressés et habitués à nous haïr, quelquefois par ceux-là mêmes qui avaient reçu mission de nous apprendre à nous aimer ; mais, comme il est évident que cette grande loi de fraternité doit s'accomplir un jour, je suis convaincu que les temps commencent où nous allons irrésistiblement vouloir que cela soit. »

A. Dumas.

1er juin 1893.

LE COLLÈGE ET LE THÉATRE

Les collégiens d'à présent auraient tort de se plaindre. Nous étions, à notre heure, plus heureux que les *studiosi* d'autrefois, qui couchaient sur la dure et jadis sur la paille ; mais les écoliers d'aujourd'hui sont plus heureux que nous. Ils ont des représentations à domicile, comme les grands seigneurs du temps passé, et les artistes vont leur apprendre le répertoire entre deux récréations. Nous n'étions pas aussi gâtés.

Je retrouvais naguère, en faisant établir en sous-sol un magasin pour les instruments de musique à la Comédie française, les piliers des galeries noires où, dans mon enfance, les jours de congé, je faisais la queue pour assister aux représentations de Mme Rachel ; car j'ai vu Rachel. J'étais bien jeune et elle donnait ses représentations dernières. Pour la voir, nous attendions pendant des heures, mon père et moi, l'ouverture des bureaux. Mais on était bien payé de sa peine. J'entends encore la voix profonde, magnifiquement timbrée, de l'admirable femme. Je l'entends dire, dans *Cinna*, avec une inoubliable expression de mépris :

Me connais-tu, Maxime, et sais-tu qui je suis ?

Ces impressions d'enfance ne s'effacent pas lorsqu'elles sont aussi pénétrantes, puissantes. Aujourd'hui, si Rachel vivait, elle irait jouer Emilie au collège, quelque jeudi, et les écoliers n'auraient pas à attendre si longtemps, dans la galerie sombre pour l'applaudir.

On a raison, du reste, de compléter l'enseignement des classiques par les yeux. Toute pièce de théâtre, fût-elle de Corneille, de Racine, de Molière, est faite pour être jouée, je veux dire gagne à être représentée. Il n'est point de professeur — j'en demande pardon à ces maîtres — dont le commentaire vaille l'action du comédien. Ou plutôt l'acteur et le professeur se complètent l'un par l'autre. Celui-ci explique les ressorts de la vie dramatique ; celui-là prouve cette vie même en vivant. Il est le collaborateur et l'évocateur de l'auteur dramatique, dont le professeur est le critique et l'historien.

Ces représentations données par nos comédiens, dans nos collèges, ce sont des livres animés, en quelque sorte. Ce qui semble figé dans l'édition classique prend corps et mouvement sous les traits de l'artiste. Je sais bien que Rachel, en un soir, m'en apprit plus sur la tragédie que tous mes maîtres dans leurs savantes leçons.

Nous étions, d'ailleurs, du temps de M. Goubaux, élevés à comprendre les choses de l'art, entre deux leçons de mathématiques ou de chimie. Par exemple, on nous enseignait la musique, le chant. J'ai chanté, dans les chœurs des croisés de la *Jérusalem* de Verdi, un jour de distribution de prix :

> Des ravins partout l'onde est séchée
> Et cherchée.
> Elle échappe à nos pas...

L'excellent M. Goubaux nous donnait bien d'autres enseignements, et je ne sais pas *leçons de choses* plus poignantes et plus utiles que celles qu'il avait instituées. Je lui dois d'avoir, dès le collège, étudié la vie, vu de près et consolé la misère.

Nous avions, sur ses conseils, car je ne peux pas dire sur ses ordres, fondé une caisse de secours, au moyen d'une mince retenue faite sur les *semaines* que nous donnaient nos parents, et ces secours, M. Goubaux nous chargeait de les distribuer aux pauvres nous-mêmes. Nous allions, à deux ou trois, le jeudi, sous la conduite d'un

Chéné & Conquet. Imp.

maître d'études, dans les quartiers misérables, au fond des Batignolles, dans les taudis de l'avenue de Clichy, près des fortifications, et nous donnions aux malheureux de petites sommes, qui soulageaient leurs misères. Que de tristesses j'ai pu voir de près, avant même d'avoir vécu ! Je devais, en rentrant de ces visites chez les pauvres, promenades qui valaient bien, pour la santé morale, celles du bois de Boulogne, écrire un rapport sur ce que nous avions vu, ressenti, donner la biographie de nos humbles clients, décrire leurs masures... Je le faisais avec une émotion que je n'ai pas oubliée, après tant d'années, et ces rapports du collégien, chargé de distribuer les secours au nom de ses camarades, sont les premiers écrits de celui qu'en son indulgence paternelle M. Goubaux appelait alors le *littérateur de la maison.*

J'avais quitté mon cher lycée Bonaparte pour aller, au Collège Chaptal, étudier les sciences, et M. de Comberousse doit se souvenir combien j'étais rebelle à son enseignement, pourtant excellent, de professeur de mathématiques. Pourtant la vie et les études de Chaptal me plaisaient. J'y songe toujours avec plaisir, et même lorsque je me rappelle ces *leçons de misère* de M. Goubaux, je me dis que c'était un philosophe pratique et un homme très supérieur, le maître qui mettait ainsi des fils de bourgeois face à face, brusquement, avec la Vie et la Douleur. Quel enseignement ! Le meilleur de tous peut-être.

Et le théâtre, lui aussi, enseigne la vie. C'est pourquoi ces représentations organisées dans nos collèges ont autant d'utilité que d'agrément. M. Coutant y envoie ses élèves. Comme nous l'eussions béni s'il eût administré de notre temps ! Heureusement pour lui, il était trop jeune en ce temps-là. J'ai tâché, à la Comédie, de donner aussi le spectacle aux collégiens, en les invitant, lycée par lycée, aux *matinées classiques* du jeudi. A ce propos, j'ai reçu des proviseurs, des professeurs, bien des lettres qui témoignent de l'utilité de ces *classiques en action.* On donne à nos jeunes spectateurs, très souvent, comme sujet de composition, l'analyse et la discussion de la pièce qu'ils viennent de voir, et leurs critiques ne dépareraient pas quelquefois le feuilleton dramatique d'un journal. Elles seraient même, assez souvent, plus informées que la critique courante. Ce seul fait prouve l'utilité de l'enseignement par le théâtre.

Le théâtre ! C'est la grande tribune. Il n'est pas d'idée généreuse qui n'en puisse tomber. Le *Qu'il mourût !* de Corneille a fait autant pour la délivrance du sol national que les tambours des demi-brigades battant la charge. Pourquoi cette tribune ne serait-elle pas une chaire — une chaire où la science se fait amusante par la bouche du Scapin de Molière, ou avenante par le sourire de la Lisette de Regnard ?

On joue dans le texte grec, en Angleterre, les tragédies de Sophocle, et les établissements religieux eux-mêmes ne dédaignent pas la propagande par les yeux. Que nos collèges continuent donc à faire commenter les leçons des maîtres par le talent des comédiens. Quel professeur de gaieté qu'un bon comique ! Et quand je songe aux tragiques grecs, je me dis avec raison :

— J'ai suivi les cours de M. Patin et écouté ses leçons en Sorbonne, mais c'est encore Rachel, cette vivante statue de l'antiquité, qui m'en a appris le plus !

Jules CLARETIE.

L'ÉDUCATION PAR L'INSTRUCTION

La science a été la foi de ce siècle. C'est d'elle qu'il a attendu non seulement sa prospérité matérielle, mais son salut moral. C'est en elle qu'il a cru trouver le principe d'ordre qui lui permettrait de s'organiser, et le principe d'activité et de vie qui lui permettrait de progresser. Dans la ruine ou le déclin des dogmes, dans l'impuissance ou la mobilité des gouvernements, elle lui est apparue comme civilisatrice et bonne, comme la mère des mœurs pures et des cœurs forts. « De la lumière, encore et toujours de la lumière ! » s'écriait Gœthe, interprète en cela de notre dix-huitième siècle, écho lui-même de la grande pensée cartésienne. Ce fut ce qu'on répéta sans trêve après lui. Répandre la science, fortifier l'instruction, c'était moraliser le peuple ; « Ouvrir l'école, c'est fermer la prison et abattre l'échafaud, » prédisait Victor Hugo.

Nous avons hérité de ce rêve du siècle, et nous l'avons réalisé : l'instruction primaire obligatoire, l'enseignement à tous ses degrés réorganisé, étendu, élargi, telle a été l'œuvre la plus originale de notre temps. Tandis qu'autrefois le savoir était réservé à une petite minorité, que l'instruction était subordonnée à des préoccupations d'un autre ordre, que l'éducation était l'œuvre exclusive du prêtre et du dogme ; aujourd'hui, c'est à l'école, à l'école laïque, et presque à elle seule, qu'il appartient d'être à la fois enseignante et éducatrice, de transformer l'enfant en homme, de lui apprendre à se conduire et à vivre ; c'est d'elle qu'il faut tout espérer, ou tout craindre. La prestigieuse parole de Platon, que toute méchanceté est ignorance, va pouvoir enfin se vérifier ou se démentir.

Or, l'œuvre faite, l'épreuve instituée dont va sortir la France de demain, voici que notre temps s'inquiète, et se prend à douter. Ce savoir tant béni nous donnera-t-il vraiment, non des esprits plus ornés, ce qui, après tout, est accessoire, mais des âmes mieux trempées, mais des vies plus droites et plus probes? Cette instruction rédemptrice va-t-elle suffire à nous racheter? Le miracle attendu ne se produit pas au gré de nos vœux; l'école s'est ouverte, mais la prison ne se ferme pas. L'instituteur ne fait-il pas plus de demi-savants infatués d'eux-mêmes et dédaigneux de la besogne tradition-nelle, que d'honnêtes travailleurs hardis à la peine? La science ne produit-elle pas autant d'indifférents incertains, de dilettantes blasés, que de martyrs ou de héros de vertu? M. Homais, le négateur inin-telligent et étroit, dont la moquerie stupide s'attaque à toute grandeur et à toute poésie; Bouvard et Pécuchet, qui doublent leur sottise de leur faux savoir, et la rendent ainsi moins naïve, plus éclatante et plus disgracieuse; pis encore, l'homme sans scrupules, parce qu'il croit savoir que rien n'est vrai que la force et le succès, et que la seule loi, c'est la lutte sans merci et sans remords; ou encore le disciple convaincu des négations scientifiques, de qui la faiblesse et la lâcheté s'excusent elles-mêmes sur ce qu'elles ont de fatal, et s'invétèrent et se laissent aller jusqu'au crime à force de s'analyser et de s'observer : ne seraient-ce pas là les fruits légitimes — et mortels — de ce savoir sans but, de cette instruction aveugle, de cette science sans contrepoids d'éducation ni de morale? — Et ces questions prennent de jour en jour un caractère plus pressant et plus anxieux.

C'est que, peut-être, on attendait de l'instruction ce qu'elle ne pouvait donner. On avait cru à une réforme radicale et immédiate; on s'imaginait que, par une sorte de miraculeux coup de baguette,

il suffirait d'élever le niveau intellectuel de la nation pour élever également son niveau moral. L'espoir était chimérique. L'état moral
d'un pays, le mot même le dit assez, dépend de ses mœurs, c'est-à-
dire non pas uniquement de ses idées, de ce qu'il sait et de ce qu'il
pense, mais surtout de ses coutumes, de ce qu'il sent et de ce
qu'il fait. Or, les coutumes d'un peuple ne résultent pas seulement
de l'instruction qui est donnée dans ses écoles, elles sont l'œuvre de
ses traditions et de son passé, des idées et des enseignements qu'il
recevait hier, et qui agissent encore aujourd'hui sous forme de sentiments et d'exemples. L'éducation, par suite, c'est-à-dire l'ensemble
des principes de conduite, des motifs ou mobiles d'actions qui s'im-
posent à nous durant l'enfance et la jeunesse, l'éducation, malgré
l'apparence, ne consiste pas toute dans l'instruction. Ce n'est pas
toujours par raison que nous apprécions la valeur morale d'un acte
à faire, que nous jugeons la conduite de nos semblables : c'est aussi
d'après les sentiments que des actes, qu'une conduite analogues
inspiraient autour de nous pendant notre enfance. Le passé n'est pas
mort parce qu'il n'est plus le présent, il survit dans le présent, il pèse
obscurément sur lui. Notre conscience morale est comme le carre-
four où viennent se rencontrer, et souvent s'opposer, mille raisons
d'agir diverses, des tendances, des motifs entièrement hétérogènes
entre eux : un sentiment qui affirme, et une conviction qui nie ;
des respects superstitieux hérités de nos pères, des terreurs vagues,
restes d'exemples ou d'impressions d'enfance, des scrupules irrai-
sonnés, dont nous ne savons plus même l'origine ; l'amour de la
nature parce que la raison le conseille, la peur et la haine de la nature
parce que nos pères l'ont crainte et haïe ; l'estime de la vie libre et
joyeuse parce qu'elle semble logique, et comme un regret de la vie
d'épreuves et de mortifications dont nos pères espéraient le salut.
L'éducation qu'on reçoit en réalité, c'est tout cela, c'est cet ensemble
d'idées, mais aussi d'habitudes, de traditions et d'exemples ; c'est ce
concours d'impulsions diverses, et parfois contraires. Si donc le déve-

loppement extrême de l'instruction dans ces dernières années n'a pas, au moins jusqu'à présent, donné tout ce qu'on en attendait, c'est sans doute que l'instruction n'agit pas seule sur l'enfant ; qu'elle rencontre et souvent contredit en lui mille velléités, mille répugnances, restes d'une éducation différente. Si la vertu est une science, comme le répétait Socrate, il est aussi vrai de dire qu'elle est un art. Le maître qui enseigne agit bien par ses leçons sur l'enfant ; mais tous ceux qui l'entourent le façonnent à leur image, même sans le vouloir, par leur exemple et leur vie. En fait, éducation et instruction sont deux choses différentes, et la seconde ne peut jamais être, semble-t-il, qu'un des éléments de la première.

Mais cet élément est l'élément essentiel. Ce qu'il rencontre, en effet, d'autre que lui, et d'hostile à lui, dans les esprits ou les consciences, qu'est-ce autre chose que le résidu des enseignements antérieurs, que le résultat de l'instruction d'autrefois ? Car une croyance ou une morale donnée se rapporte toujours à une conception donnée du monde, à un certain état de la science. La morale de chaque époque, tantôt plus, tantôt moins discordante, mais toujours en train d'évoluer, est ainsi un composé vivant des idées présentes et des idées passées, de la vérité d'hier et de celle d'aujourd'hui. L'idéal de nos pères était la conséquence de ce qu'ils savaient, et c'est ce qu'on savait hier qui s'oppose à ce qu'on sait aujourd'hui. Dès lors, notre conception actuelle de la vérité se substituera nécessairement à l'ancienne, se fondra avec elle, pour s'opposer peut-être dans l'avenir à de nouvelles transformations de la pensée éternelle. L'instruction que nous donnons aujourd'hui ne contredira pas longtemps les principes traditionnels de l'éducation, parce que ce seront bientôt les résultats pratiques des vérités enseignées aujourd'hui qui constitueront cette éducation concrète de la vie et de l'exemple dont nous parlions tout à l'heure. Ce qui est la matière de l'instruction d'aujourd'hui deviendra à coup sûr le principe de l'éducation de demain. Et il semble alors qu'il n'y ait plus lieu de distinguer l'instruction de l'éducation, comme une chose d'une autre, mais seulement les effets directs de l'instruction présente, des effets de l'instruction passée qui survit ; et que, pour tous les temps et tous les peuples, il n'y ait eu d'autre base possible de l'éducation que l'instruction.

Cependant, jusqu'à ce que la conciliation se soit faite entre les idées d'hier et celles d'aujourd'hui, est-il bon d'enseigner celles-ci sans se soucier d'autre chose? Si de nos découvertes physiques et chimiques, si de notre conception moderne du monde ne se dégage pas encore une théorie de la moralité, faut-il déjà les répandre chez tous, et cela suffit-il? L'instruction pure et simple, dont on ne sait tirer aucune conséquence éthique certaine, est-elle vraiment par elle-même moralisante ? On peut admettre que notre cosmologie et notre science deviendront morales, tout en niant qu'elles le soient encore. De passer huit ou neuf ans de sa vie à apprendre l'histoire de l'Egypte telle que les dernières recherches l'ont faite, ou la théorie mécanique de la chaleur, ou les plus récentes études sur les imaginaires ou sur la double réfraction, cela prépare-t-il à être un honnête homme ? Cela donne-t-il les moyens de se conduire dans la vie ? Toute vérité, toute instruction est-elle par elle-même éducatrice ?

Il est vrai que, dans notre société moderne, l'instruction est une nécessité inéluctable ; dans la mesure où elle constitue un enseignement technique, ou une préparation à cet enseignement, elle est comme une arme donnée à l'enfant, comme l'instrument indispensable sans lequel il ne pourrait gagner sa vie et s'assurer sa place au soleil. Or, ce résultat tout utilitaire n'est-il pas déjà moral ? Car l'aisance est la première condition de l'indépendance et de l'honorabilité ; le bonheur, on l'a dit souvent, prédispose au bien; la tranquillité de la vie rend l'honnêteté facile. — Il faut avouer pourtant que cette action tout indirecte de l'instruction est bien précaire, et ne saurait suffire à la légitimer; celui qui n'est vertueux que parce qu'il n'a pas d'intérêt à ne pas l'être, celui-là n'a que l'apparence, et comme le vêtement de la vertu : sa moralité n'a d'autre garantie que le hasard.

Un résultat plus précieux, c'est que l'instruction ne s'acquiert pas sans travail et sans effort ; qu'elle donne, par suite, de toutes les habitudes la plus essentielle et la plus virile. Faire effort, en effet, s'astreindre à une discipline, dominer ses désirs, ses distractions, ses lassitudes, par un acte d'attention volontaire, si c'est là la condition première de toute instruction, n'est-ce pas celle aussi de toute vertu ? — Pourtant la docilité nécessaire pour faire un travail commandé n'est pas toujours cette énergie plus haute qui nous permet de vouloir vraiment, de nous choisir et de nous fixer nous-mêmes un but, et d'y tendre avec persévérance ; le travail n'est pas toujours l'initiative. Et puis, une telle habitude peut être mise au service de n'importe quelle tendance ou de n'importe quelle passion ; l'éducation de la volonté consiste au moins autant à la diriger qu'à l'exercer. — Or, c'est justement une direction particulière de la volonté que l'instruction semble très propre à fournir, et c'est par là qu'elle est le plus naturellement éducatrice et morale.

Beaucoup savoir, c'est presque toujours savoir combien peu l'on sait ; avoir beaucoup appris, c'est bien souvent se rendre compte de tout ce qu'il y a d'incertain, de changeant et de ruineux dans nos opinions. C'est encore connaître combien lente et laborieuse a été l'acquisition de la vérité ; quel rôle y a joué le hasard ; comme les plus grands esprits se sont trompés, et comme les plus folles croyances ont pu être soutenues par de bonnes raisons, et c'est connaître par suite combien nos convictions nous sont individuelles et subjectives. Et ainsi l'instruction, pourvu qu'elle soit un peu poussée, est la meilleure école d'humilité et de modestie.

Savoir, c'est aussi s'être convaincu que chacun peut se tromper de bonne foi ; qu'on peut être sincère en soutenant ce qui nous semble absurde, professer d'autres opinions que nous sans être pour cela ni un hypocrite ni un sot. Et c'est reconnaître encore, à la lumière du passé, comme la colère et la violence nous égarent, combien la rigueur est stérile, et que les idées, telles que les déesses des combats homériques, sortent invulnérables, et plus éclatantes, et plus séductrices, des persécutions et des autodafés; et ainsi, c'est l'instruction seule qui peut nous initier à la tolérance.

Savoir, c'est enfin se rendre compte que si nul, sans folle présomption, ne peut se croire possesseur de toute la vérité, nul non plus n'est absolument privé de vérité : que les doctrines se succèdent, non réellement opposées et exclusives l'une de l'autre, mais se continuant et se complétant l'une l'autre; que l'erreur consiste à ne voir qu'une des faces de la réalité, et à nier qu'il y en ait d'autres; que le progrès se fait par une superposition et un enveloppement continu de croyances et de vérités partielles dans une vérité plus haute et plus compréhensive, et qu'ainsi, suivant la grande parole de Leibnitz, en toute chose vit une âme de vérité. Les hommes sont plus sincères et plus désintéressés qu'on ne croit ; ils sont aussi moins divisés et moins loin l'un de l'autre qu'ils ne le paraissent ; et tous, en somme, consciemment ou non, de plein gré ou sans le vouloir, travaillent à une même œuvre. C'est là encore une conviction que la science seule peut donner; elle seule peut nous amener infailliblement à aimer l'humanité tout entière dans chacun de ses membres, dans chacune de ses manifestations, et à n'avoir pour nos semblables que bienveillance et sympathie.

Ainsi l'instruction est un instrument de paix; elle tend à adoucir et à unir les âmes. L'ignorant hait le savant, disait Platon, et il hait aussi les autres ignorants ; car l'ignorance, comme l'erreur, est multiforme, et chaque ignorance est la négation de toutes les autres. Mais le savant, le sage ne hait pas celui qui ignore ou celui qui se trompe, car il comprend les raisons de son ignorance ou de son erreur, il voit combien elle est involontaire et lamentable ; et de même il est en paix avec tous les autres sages, parce que la vérité est une, et que savoir, c'est se rapprocher et comme communier dans la possession du vrai. Sans doute cela peut se dire surtout du sage idéal, de celui qui aurait la science absolue ; sans doute nous voyons chaque jour que les querelles de savants ne sont ni moins aveugles ni moins âpres que celles des autres hommes. Mais si, avec l'ignorance, on ne dépouille pas toutes les passions humaines, si l'instruction ne déracine pas toujours en nous la vanité ni l'égoïsme, il n'en reste pas moins manifeste que le propre du vrai est de concilier les esprits et de pacifier les cœurs.

Le savoir seul enfin peut nous donner cette qualité si rare et si haute qu'elle est presque une vertu : la largeur d'esprit, qui ne va pas sans la largeur d'âme et de sentiment. Et c'est par là qu'il est un agent vraiment positif de moralité. Voir les choses largement, et de haut, ce n'est pas les mépriser toutes, ni s'en désintéresser ; ce serait plutôt le contraire ; c'est s'affranchir de ce qu'il y a de mesquin et de caduc en elles, d'accidentel et de particulier, pour ne s'attacher qu'à ce qu'elles renferment de durable et d'universel ; c'est les voir sous la forme de l'éternité. A l'origine, pauvre de science et borné d'esprit comme de cœur, l'homme ne connaissait sans doute que lui-même et le coin de forêt ou de plaine où il était parqué, et les quelques êtres et les quelques objets qui servaient à satisfaire ses besoins. Ne sachant ni les causes, ni les effets, ni les conditions, ni les rapports des choses, il était l'esclave impuissant de ses instincts, le prisonnier d'un égoïsme étroit comme son ignorance. Or, à mesure qu'il a pu connaître et savoir, éprouver des impressions nouvelles, associer à certains objets ou à certains actes l'idée de leurs effets plaisants ou douloureux sur lui, à mesure il a vu s'agrandir le monde devant lui, et s'ouvrir en même temps son âme, pleine pour la première fois de haines ou d'amours, de craintes ou d'espoirs inconnus. Et aujourd'hui de même, savoir davantage, c'est s'intéresser à plus de choses et sentir davantage. Connaître les réactions mutuelles des êtres et des choses, c'est redouter ou souhaiter ce qui nous était indifférent jusque-là; c'est trouver des sources de jouissances dans ce qui nous était auparavant étranger. C'est, d'une part, sentir s'ouvrir en soi et hors de soi le monde de l'art et de la poésie, trouver dans les couleurs, les formes ou les sons de plus profondes, plus intimes, plus délicates voluptés. Et c'est, d'autre part, comprendre que notre individualité est solidaire de toutes les autres; que notre bonheur propre dépend de la manière d'agir de tous nos semblables; que toute action, si lointaine soit-elle, aura son contre-coup sur nous. Et savoir, c'est ainsi, à tout le moins, élargir son égoïsme aux bornes du monde.

C'est aussi élargir son âme. Plus on sait, plus on voit combien est chétive notre individualité, combien mesquins nos intérêts, et combien vaines aussi nos luttes, qu'enferment un temps si court et un espace si étroit, que dominent des lois si générales et si inflexibles! Et ainsi, en compliquant notre égoïsme, le savoir nous en montre l'inanité. Plus on connaît les choses et les hommes, moins aussi on les hait, puisqu'on entre mieux dans leurs intentions et leurs sentiments, qu'on suit mieux le jeu nécessaire de leurs pensées, de leurs désirs, de leurs délibérations; « Tout comprendre, c'est tout pardonner, » répète volontiers Tolstoï; en nous découvrant la faiblesse humaine, le savoir nous enseigne la charité. Et plus on est instruit, mieux on aperçoit la réaction de tout acte étranger sur notre personne, et mieux aussi on aperçoit la réaction de notre personne sur tout le reste. De même qu'il se répercute indéfiniment dans l'espace, tout fait humain peut se répercuter indéfiniment dans le temps; nos ancêtres les plus lointains ont contribué à nous faire ce que nous sommes; nous agirons de même sur nos descendants les plus reculés. Et ainsi, de la science, notre notion de la responsabilité sort affinée et approfondie. Par elle, nous ne pouvons plus douter que nos qualités ou nos fautes individuelles ne doivent peser un jour, dans la conscience d'un être lointain né de nous, de tout le poids du crime ou de la vertu.

Multiplier les idées et élargir l'esprit, c'est donc multiplier les sentiments, et les compliquer, et les rendre plus délicats et plus intenses. Loin donc que l'instruction doive faire de nous des indifférents, des spectateurs amusés du spectacle universel, elle nous représente à nous-mêmes comme des acteurs sans cesse en scène, qu'aucun épisode ne laisse étranger, qui contribuent de près ou de loin à chaque incident, que toutes les péripéties touchent intimement ; nous nous voyons par elle et nous nous sentons reliés à toutes choses par d'obscures et profondes correspondances, par mille fils invisibles, mais sensibles et subtils, qui vibrent au moindre contact, qui nous font jouir ou souffrir de toute souffrance ou de toute joie. Ce n'est pas le dilettantisme froid qui, dans une âme ardente et vivace, est le fruit normal de la science ; elle ne dessèche que les âmes sèches, elle est source de vie, de charité et d'amour.

Mais, tout cela, ce sont les sentiments que l'instruction peut ou doit exciter en nous, qui dépendent aussi, dès lors, de nous-mêmes, de notre nature et de notre cœur. Mais les *idées* qu'elle suggère, les conséquences logiques qu'on en peut déduire, sont-elles également et nécessairement morales ?

Il semble que ce n'est que par accident, et comme par un malentendu, que l'instruction peut produire des effets funestes ; en bonne logique, elle est toujours une impulsion au moins virtuelle au bien. Si ce que nous appelons le bien, et l'on n'en saurait douter, c'est uniquement l'ordre et la raison réalisés dans l'homme et dans l'univers, tout ce qui est vrai, c'est-à-dire tout ce qui constitue une des lois propres de cet univers, ne peut que tendre à produire cet ordre. Connaître les diverses forces concourantes dans un système mécanique, c'est la seule manière d'en prévoir le point d'équilibre et d'en calculer la résultante. Le bien, c'est l'état idéal où toutes choses seront à leur place, où tout aura sa raison d'être aisément saisissable et intelligible ; c'est l'œuvre achevée à laquelle la nature travaille mystérieusement, mais sûrement, de toute éternité. Comment la hâter, comment y collaborer, sinon en l'étudiant et en la connaissant? — Le mal est illogique : explicable dans tel ou tel cas particulier, il ne saurait, en effet, être érigé en loi générale; le mensonge devenu loi universelle de la conduite humaine ne s'entend pas; car, pourquoi mentir, sinon dans telle circonstance donnée, et dans tel intérêt donné, et à condition que les autres ne mentent pas? Il ne s'explique que comme exception. La véracité, au contraire, est la manière d'agir naturelle et générale; qu'on dise ce qui est, cela se comprend tout seul, ne constitue pour la raison aucune difficulté ni aucun problème; l'esprit humain ne se demande pas pourquoi on dit la vérité, mais pourquoi on ne la dit pas. — Si la morale, c'est ainsi la raison et la logique, qu'est de son côté l'univers, sinon une logique concrète et réelle? Ce qui est réel est, à plus forte raison, possible; le réel, par cela seul qu'il est, ne peut être irrationnel. Connaître les lois des choses, tant matérielles que spirituelles, c'est donc simplement connaître les conditions nécessaires de la moralité. L'éducation n'ayant d'autre fin que de nous apprendre à vivre conformément à la nature et à la raison universelle, la connaissance de cette nature et l'exercice de cette raison ne peuvent nous écarter du bien : mais, au contraire, nous y préparent et nous poussent dans sa voie. Apprendre à bien penser ne peut que nous amener à bien faire.

Ainsi, s'il est vrai que l'instruction n'est pas et ne saurait être, sous sa forme directe, toute l'éducation; mais si elle la constitue indirectement, en produisant les mœurs générales d'un temps ou d'un pays, qui réagiront ensuite, pendant plusieurs générations, sur tous les individus de ce pays; si, sous sa forme directe ou sous sa forme indirecte, elle n'en est pas moins toujours moralisatrice et éducatrice, parce qu'elle n'a pas d'autre résultat que de propager la vérité, et que la vérité est bonne, il semble que toute inquiétude soit vaine, et que notre système actuel d'instruction obligatoire et universelle ne puisse produire que d'heureux effets. — Il ne faudrait pas cependant fermer les yeux sur des défauts manifestes, sur des dangers menaçants ; il ne faudrait pas nous endormir dans une confiance trompeuse.

L'instruction est moralisatrice, avons-nous dit, parce qu'elle répand la vérité ; or, en fait, en est-il toujours ainsi ? Bien souvent, ce n'est pas la vérité qu'elle répand, mais des vérités ; ce sont moins des idées que des connaissances et des faits. La science ne saurait avoir les effets moraux que nous avons dits, qu'enseignée avec largeur et embrassée dans son ensemble ; mais des études trop spéciales, des faits isolés, des renseignements fragmentaires, n'ont aucun caractère moral. De la considération de l'univers, physique ou intellectuel, avec toutes ses lois qui se correspondent et s'entre-croisent, dans son ordre et son harmonie totale, ne se dégage que le sentiment religieux et confiant qui inspirait Marc-Aurèle : « O monde ! je veux ce que tu veux ; » ou que le désir ardent de travailler, dans les voies de la justice future, à l'œuvre universelle :

> ...et je voue, atome dans l'abîme,
> Mon humble part de force à ton chef-d'œuvre entier !

Mais, telle formule chimique, telle équation isolée, n'a en elle-même aucune valeur éducatrice ; elle n'implique aucune idée de fin ni de pourquoi ; elle peut s'appliquer, indifférente, à n'importe quel dessein ; elle se prête à la fabrication d'un engin destructeur comme à une découverte utile. De là quelques-uns des mauvais effets partiels de l'instruction ; de là la valeur douteuse d'un enseignement primaire trop peu homogène et trop étroit ; de là la nécessité d'un enseignement libéral et non professionnel, qui répande des idées et des lois, non des recettes et des faits ; qui soit complexe et large, concret et synthétique. Oui, l'éducation se fait par l'instruction, à la condition que l'instruction même soit faite pour l'éducation.

La vérité ne saurait être funeste ; mais la vérité est chose vivante, et complexe comme la vie. Les sciences mathématiques, physiques et naturelles, par exemple, qui nous montrent les éléments de l'univers tels que l'analyse les a détachés de l'ensemble, ne constituent pas la vérité. Elles sont trop abstraites et mortes. Elles ont besoin d'être corrigées et complétées par les sciences des choses sociales, histoire, littérature, psychologie, qui nous en montrent les composés harmonieux et conscients, et le monde dans son évolution réelle. Et les unes et les autres ont besoin d'être comme couronnées par l'indication au moins des grands problèmes et des grandes doctrines philosophiques ; afin que nul n'oublie que tout, matière ou esprit, choses physiques ou choses morales, reflète une pensée en travail ; afin qu'en tout l'homme sente incessamment l'éternelle poussée de sève qui anime l'univers, et l'oriente vers cet idéal dont parlait Renan, qui doit être et veut être.

D. PARODI,
Ancien élève de l'Ecole normale supérieure,
Agrégé de philosophie.

Rodez, juin 1894.

L'ANCIEN CHAPTAL

Le Collège Chaptal, qui vient de fêter le cinquantenaire de sa fondation, est actuellement en instance auprès du Conseil municipal de Paris pour obtenir de s'appeler désormais Chaptal-Goubaux, en souvenir de M. Prosper Goubaux, son fondateur. Je n'avais pas encore dix ans, en 1859, quand M. Goubaux mourut, et j'étais entré à Chaptal, où je devais faire toute mon éducation, depuis quelques mois seulement ; mais Goubaux, qui cultivait le drame, avait été l'un des collaborateurs de mon père et je le connaissais déjà. C'était un brave homme, qui ressemblait à Béranger et qui appliquait à ses fonctions des idées toutes paternelles. Je le vois encore, à trente-cinq ans de distance, traversant la cour du petit Collège. Les enfants couraient à lui ; les plus hardis s'approchaient à portée de sa main, et il leur donnait sur les joues, avec un aimable sourire, de petites tapes amicales.

Ce bonhomme avait été, cependant, en matière d'enseignement, un novateur hardi, presque un révolutionnaire, et on lui doit, en réalité, la plupart des réformes que la vieille Université s'est vue forcée d'accepter depuis, en rechignant.

Il pensait que l'instruction ne doit pas servir seulement à orner les esprits, mais qu'elle doit être une préparation à la lutte pour la vie, former des lettrés savants et des savants lettrés.

Ancien combattant de la barrière de Clichy en 1814, libéral sous la Restauration et sous Louis-Philippe, il passa la plus grande partie de son existence à se défendre contre les tracasseries administratives et ne put assister à l'épanouissement de son œuvre. En 1859, quinze jours avant la distribution des prix, il agonisait par suite d'un cancer d'estomac. On ne savait pas, à cette époque, prolonger la vie des cancéreux et la science les laissait mourir de faim, se bornant à leur recommander la résignation au milieu des affres. L'administration du Collège était d'avis, en prévision d'un deuil dont la venue n'était plus qu'une question d'heures, d'ajourner la cérémonie. M. Goubaux s'y opposa. « Non, dit-il, on peut ajourner un plaisir, mais jamais un devoir. » Et il ajoutait, s'adressant à M. Monjean, qui avait été son élève favori et qui était alors son successeur éventuel : « L'essentiel, c'est que l'état sanitaire du Collège soit bon... Moi seul, avec mes maux d'estomac et d'entrailles, en suis réduit à faire le traînard. J'aurais peut-être eu raison d'aller en Italie. Qui sait si Magenta et Solférino n'auraient pas mieux valu que Vichy pour me redonner de la vigueur ? »

M. Goubaux mourut et la distribution des prix fut sinistre. Peu de discours ; ni musique, ni chant. Belloir s'était transformé en Vuaflard, et les pompes scolaires en pompes funèbres. Nous eûmes tous le cœur fort gros. C'était une figure très haute et très douce, faite de bonté vraie et de volonté courtoise, qui s'effaçait pour toujours.

Le passant qui longe aujourd'hui le boulevard des Batignolles et qui voit s'y dresser l'énorme bâtisse polychrome que nous autres, les vétérans, appelons encore « le nouveau Collège », ne peut guère se faire une idée de ce qu'était l'ancien Chaptal, celui qui occupait l'emplacement qu'emplissent actuellement, de la rue Blanche à la rue de Clichy, le Casino de Paris et ses dépendances. C'était un ensemble fait de pièces et de morceaux, d'acquisitions opérées à mesure que le Collège se développait, de constructions provisoires élevées en attendant celle du fameux palais du boulevard des Batignolles, promis dès 1860, et qui tournait au palais de Pénélope. L'Empire ne se pressait guère, en général, de tenir ses engagements, surtout en matière d'instruction publique. Il semblait penser, d'ailleurs, qu'une promesse réalisée a un grand défaut : celui de ne pouvoir plus être faite. Bref, nous fûmes plusieurs générations de collégiens qui vécurent et grandirent au milieu d'un provisoire architectural qui n'était pas sans danger au double point de vue de la solidité et de l'hygiène.

J'ai gardé rancune à quelques salles d'étude vraiment trop infectes, où les rats vivants et crevés se bousculaient sous les parquets, où l'atmosphère était rendue asphyxiante par des odeurs de laboratoire. Mais l'enseignement de Chaptal avait tant de succès qu'on refusait les élèves et que les familles ne s'arrêtaient pas à ces considérations. On n'avait pas encore perfectionné l'étude des microbes.

D'ailleurs, au milieu de ce déballage de bâtisses, se rencontraient des coins jolis, un jardin qui servait de lieu de récréation aux «grands» des cinquième et sixième années. Un immense platane sycomore, le plus colossal que j'aie jamais vu à Paris, y dressait son tronc argenté à 6o mètres de hauteur. A ce jardin attenait une maison coquette ayant servi jadis de maison d'agrément à un financier du dix-septième siècle. Le jardin était charmant; mais la maison, qui contenait un vaste dortoir pour quatre-vingts élèves, n'était pas solide. Les énormes poutres en étaient mangées aux vers. Un soir de retour des vacances de la Pentecôte, une demi-heure avant l'heure réglementaire de rentrée des élèves, le plafond s'écroula sur les couchettes, qu'il broya en grande partie. J'étais dans la rue et j'allais rentrer, quand je me heurtai à un groupe de camarades de dortoir.

« Chouette ! me dit l'un d'eux en faisant claquer son pouce sur son index et son médius réunis, ce qui était alors le grand signe de joie des collégiens, chouette ! nous avons congé pour ce soir... On nous renvoie dans nos familles ! Il paraît que le feu est au bahut !... »

Je ne commente pas, je cite. Je me renseignai. Notre dortoir, heureusement vide, s'était écroulé. Je n'en éprouvai ni joie, ni tristesse, ni crainte. Pendant longtemps, les poutres de ce dortoir restèrent couchées le long d'un grand mur. Elles avaient gardé en partie leur forme ; mais, quand on les touchait, elles tombaient en poussière.

L'Empire abusait tout de même un peu trop du provisoire ; car, enfin, il est plutôt pénible d'être écrasés à la douzaine, même provisoirement.

Une des pièces les plus confortables de l'ancien Chaptal était le cachot, situé dans les combles d'un vieux bâtiment, près du ciel. Une énorme table de chêne, percée d'un trou central, roulait sur des rainures et enserrait le prisonnier par le milieu du corps. Le tout fermait au cadenas. J'ai passé dans ce cachot quelques heures que j'ai probablement dû consacrer à la rêverie. J'ignore si ce moyen de répression est usité au nouveau Collège. Après tout, les députés eux-mêmes n'ont-ils pas leur petit local ?

Je n'ai pas à parler ici de ce qu'était l'enseignement à l'ancien Chaptal. Comme M. Goubaux, M. Monjean était homme de progrès et d'initiative, et chaque année amenait quelque essai de réforme dans le sens indiqué par le plan général d'instruction qu'avait conçu le fondateur de Chaptal. Les Chaptaliens sont innombrables et beaucoup d'entre eux occupent de hautes positions dans le commerce et l'industrie, les arts et les sciences. Cet enseignement mixte a l'avantage de favoriser les vocations, en ouvrant aux jeunes intelligences des horizons sur toutes les carrières. Il prépare aussi bien aux activités fécondes qu'aux mandarinats regrettés par le petit groupe des dilettanti. Il fait des « délicats », mais il fait aussi des utiles, en admettant cette distinction qui peut être discutée. Quant aux professeurs chargés de cultiver ces jeunes esprits, et surtout à ceux qu'on appelle « les professeurs généraux », on ne saurait trop admirer leurs efforts.

Il n'est pas exagéré de dire, tant ils considèrent leurs fonctions comme un apostolat, qu'ils ne quittent Chaptal que quand ils sont fourbus, après trente-cinq et quarante années d'enseignement.

Au moment de leur retraite, l'Association des anciens élèves leur offre un petit banquet. On leur remet une médaille au dessert. Sur cette médaille, leur nom est gravé, et ils sont alors tellement émus, qu'ils en pleurent.

Paul FOUCHER.

SOUVENIRS D'ÉLÈVE

DE MAUVAIS ÉLÈVE

« Mon cher Directeur,

« Ce tantôt je visitais « l'Exposition de la Fleur » dans la galerie Georges Petit, où je rencontrai mon ami Louis Dumoulin, le peintre au talent si original.

« Au cours de cette excursion dans le domaine de l'art, nous croisâmes le maître de la maison, que je ne connaissais pas.

« Présentés l'un à l'autre, la conversation commune se porta, tout naturellement, sur la peinture, lorsque, par une brusque digression, Georges Petit m'apostropha tout à coup en ces termes :

« — Il me semble que votre visage m'est depuis longtemps connu. « N'avez-vous pas été à Chaptal ?

« — En effet, lui répondis-je, mais il y a de cela pas mal de temps. « Je l'ai quitté en 1870, quelques jours avant la guerre... »

« Et alors, dédaignant toute discussion d'esthétique, nous parlâmes de nos jeunes ans, de notre cher Collège, de ce passé déjà bien lointain...

« Rentré chez moi, les souvenirs évoqués par cette causerie n'avaient point encore quitté mon esprit ; ils prirent une force, une acuité nouvelles à la réception de votre charmante lettre me demandant l'envoi de quelques pages pour le *Livre d'or du cinquantenaire de Chaptal*.

« J'aurais, certes, sans fausse modestie, décliné cette invitation si aimable, estimant que l'honneur était trop grand — trop lourd aussi — de voir mon nom ignoré suivre ceux de nos plus glorieux écrivains, si je ne m'étais trouvé sous l'impression du moment, si je n'avais été hanté de ce sujet : Chaptal.

« Puisque vous m'y autorisez, je vais donc retracer au hasard de l'imagination, au courant de la plume surtout, quelques-uns des petits faits qui s'y rapportent et que ma mémoire, bien mauvaise pourtant, a conservés fidèlement, les uns joyeux, les autres tristes.

« Mon premier jour de collège fut, pour moi, un jour — et un four — noir. Dès la récréation de onze heures, dans la cour des petits, je cognai involontairement, moi nouveau, moi externe, un ancien, un interne, un nègre appelé Saint-Martin. Il reçut mes excuses par un énergique : « Animal ! » Vexé, je répliquai : « Animal toi-même ! » Vlan ! Il m'envoya en pleine figure un coup de poing dont l'empreinte disparut seulement sous les compresses et les caresses de la sœur infirmière. On n'a guère de rancune à cet âge ; deux jours après cet incident presque parlementaire, un échange de « suçons » achetés chez le portier scellait notre réconciliation et nous liait d'amitié.

« J'étais en « préparatoire » depuis un trimestre seulement, dans la classe de l'excellent M. Mesnard, lorsque j'eus à assister à la distribution solennelle des récompenses.

« Ayant laissé espérer à mes parents que je serais appelé à l'estrade d'honneur, ma mère m'avait fait beau, bien beau, d'autant que, dans la partie musicale de la fête, les solistes étaient Franz Villaret, aujourd'hui professeur de solfège au Conservatoire, et votre serviteur.

« Grand col marin sous les cheveux frisés au petit fer, lavallière de surah cerise, veston d'alpaga noir, gilet blanc, pantalon gris-perle, souliers vernis, j'étais rayonnant, superbe, étincelant...

« Je ne le fus qu'un instant.

« Pour passer du Petit Collège, où nous étions rassemblés, au

Grand, où avait lieu la cérémonie, nous devions longer pendant 50 mètres le trottoir de la rue Blanche. Le trajet était court ; mais, soit malechance, soit maladresse, je butai et m'allongeai sur la chaussée, d'où, comme il avait plu, je me relevai transformé de jeune élégant — on disait alors petit crevé — en boueux.

« Cela ne me préoccupa guère, jusqu'au moment où, le lecteur du palmarès ayant proclamé mon nom, je grimpai recevoir volume et couronne. Un cri domina alors les applaudissements et la fanfare, cri d'effroi, de surprise, de honte et de colère, que jetait ma bonne mère, furieuse du spectacle que j'offrais...

« J'eus, ce jour-là, dans ma famille, plus de reproches pour ma gaucherie que de félicitations pour mon travail.

« En première année, j'entrai dans la division de M. Lecesne, qui est encore aujourd'hui, mon cher directeur, de vos meilleurs collaborateurs. Il me parut bientôt que mon professeur avait pour moi une indulgence particulière ; mais je ne pus jamais comprendre la façon dont il me la manifestait. Ainsi, un jour, rendu furieux par la seule vue de mes dessins linéaire et d'ornement, il envoya s'éparpiller dans la cour mes carton, planche, modèle, crayons, godets, équerre, etc., etc.

« Je courais après ces instruments de mon supplice quotidien, lorsque — déveine noire ! — le père Jourdan — il excusera la familiarité du terme en faveur de l'amitié qu'il décèle — me trouva errant et me conduisit par l'oreille à la salle de garde.

« Malgré cette aventure, j'eus des succès scolaires : deux premiers prix et quatre accessits. (C'est la vérité vraie, mais comme cela vous pourrait paraître invraisemblable, mon cher monsieur Coutant, consultez donc le palmarès de 1866 ou de 1867.)

« Le soir de la distribution, mon père, enchanté, me conduisit aux Variétés entendre Hortense Schneider dans *la Grande Duchesse*. Quelle récompense ! Quelle joie ! Je goûtai plus de plaisir du haut des secondes galeries que je n'en prends aujourd'hui à assister, de mon fauteuil d'orchestre, à une première sensationnelle.

« Le lendemain de ce beau jour, à l'heure du déjeuner, M. Lecesne
se faisait annoncer chez mes parents. J'eus comme un pressentiment
qu'il ne venait pas pour me féliciter. En effet, il débuta ainsi, avec
cette franchise charmante que vous lui connaissez et que j'ai su apprécier plus tard :

« Monsieur, madame, vous êtes contents et fiers de votre fils,
« n'est-ce pas? Il a eu deux prix, quatre accessits, c'est très beau !
« Eh bien, je viens vous déclarer que c'est un paresseux, un
« cancre, qui ne travaille pas, ne fait rien, et qui, s'il avait eu
« la moindre bonne volonté, aurait remporté tous les prix de sa
« classe... »

« Quel réveil ! Quelle semonce après les éloges de la veille !...

« A la fin de ces vacances, au cours desquelles je fus tenu fort
sévèrement, j'entrai en « deuxième année », dans la division de
M. Veyret, avec qui je m'honore d'avoir conservé les meilleures relations. Il débutait comme professeur, il était à peine plus âgé que
ses élèves, dont il gagna d'emblée la sympathie, quand, alors que
M. Drouin, surveillant général, nous le présentait, nous rappelant
qu'il sortait de nos rangs, il éclata en sanglots émus.

« J'avais formé les plus sages résolutions du monde ; mais tien-
nent-elles dans la tête d'un étourneau? Un soir, à l'étude, le pion
pinça sous mon cahier de mathématiques un volume prohibé que je
lisais fiévreusement.

« Dénoncé, puis appelé chez votre prédécesseur, l'éminent
M. Monjean, il m'informa que, pour ce fait grave, je serais pendant
quinze jours expulsé du collège.

« C'était la honte ! Heureusement, M. Pellissier, notre professeur
de littérature, dont la bonté pour moi fut toujours exquise, intercéda
en ma faveur et fit lever la punition.

« Des punitions, ma conduite m'en valait toutes les semaines, et
j'étais, fort régulièrement, consigné pour l'après-midi de chaque
jeudi. Moi, malin, j'avais trouvé un excellent moyen d'éluder la con-

signe. Deux exemptions la rachetaient ; or, fort régulièrement encore, je gagnais deux exemptions le mardi, au cours de chant professé par M. Bourdeau.

« Mon système était excellent, n'est-il pas vrai ? Croyez-vous, mon cher directeur, qu'on prit plaisir à le détruire, et qu'avec une cruauté dont je vous espère incapable, il fut décidé que les exemptions de chant... n'exempteraient plus !

« Ai-je, alors, assez crié à l'injustice ! Je crois, encore aujourd'hui, que je n'avais pas tout à fait tort.

« En troisième année, j'éprouvai le fort désagrément que voici : au jour de l'An, les élèves de la division de M. Vinot décidèrent de lui faire un cadeau.

« C'était, d'ailleurs, alors une coutume généralement suivie, coutume disparue aujourd'hui, paraît-il. Nous nous cotisâmes, et l'un de nous, délégué, acquit une superbe cave à liqueurs, que nous portâmes à notre bon professeur dans la matinée du 1ᵉʳ janvier.

« La cave à liqueurs — même sans liqueurs — était lourde pour les faibles bras d'un seul enfant ; puis nous craignions — juste crainte ! — la casse. Aussi, la charge fut-elle divisée. L'un prit la boîte vide ; les flacons et les verres furent partagés entre les autres.

« Dans mes mains, convulsivement, je serrais un flacon. Guigne féroce ! Déveine noire ! Sort fatal ! Il me glissa entre les doigts dans l'escalier même de notre maître, à qui nous dûmes, par ma faute, offrir la cave incomplète... Je crois bien avoir, pour étrennes, reçu ce jour-là quelques taloches, que je ne rendis pas à mes camarades, ayant conscience de mes torts à leur égard.

« La « quatrième » fut ma dernière année de collège. J'avais quinze ans et commençais seulement à sentir la nécessité de travailler. Mais, si je réussissais dans certaines branches de l'enseignement général qu'on reçoit chez vous, d'autres me restaient fermées, et M. Dehérain, professeur de chimie, M. Vignes, professeur de physique, M. Girardin, professeur de mécanique, MM. Normand et Noël, professeurs de dessin, purent, sans exagération, me considérer comme un détestable écolier.

« Je leur promets que j'eusse fait tous mes efforts dans le but de leur donner satisfaction et pour rattraper le temps sottement perdu, si la déclaration de guerre ne m'avait arraché aux bancs de Chaptal...

« Je les reverrai, ces bancs, quand mes fils seront en âge d'y porter leur premier fond de culotte. Ils y prendront place, sur ces bancs, mon cher Directeur, si vous me promettez de ne pas leur laisser lire les turpitudes que leur père — sur votre invitation — s'est laissé allé à avouer. »

Michel HIRSCH.

LES BATIMENTS DE L'ANCIEN

ET CEUX DU NOUVEAU CHAPTAL

L'année scolaire qui s'est écoulée d'octobre 1874 à la fin de juillet 1875 a vu s'accomplir un des événements les plus mémorables de l'histoire du Collège Chaptal.

Le 4 août 1874, l'honorable M. Vautrain, qui présidait la dernière distribution des prix de l'ancien Chaptal, annonçait officiellement que la rentrée des classes s'effectuerait, pour le Petit Collège, dans les nouveaux locaux du boulevard des Batignolles. Les élèves des cours moyens et supérieurs et les services administratifs ne devaient abandonner leurs quartiers de la rue Blanche que six mois plus tard, le 16 avril 1875, époque fixée pour la rentrée des vacances de Pâques.

Les derniers jours de cette même année virent disparaître à jamais, sous la pioche et le marteau des démolisseurs, les vieux bâtiments auxquels s'attachaient les souvenirs des anciens jours, car ils avaient, à l'origine, abrité les premiers écoliers de la modeste pension Saint-Victor, berceau de l'institution qui devait rapidement, sous le nom d'*École François I*, puis de *Collège Chaptal,* conquérir le droit de cité parmi les établissements les plus réputés de notre pays. De ces vieux bâtiments où nous avons vécu quelques-unes des plus belles années de notre jeunesse, rien ne subsiste plus, hélas ! pas un plan, pas une image, qui puisse en retracer l'ensemble à notre souvenir et fixer des contours que le temps rend chaque jour plus indécis et plus flottants. Seul, un tableau du peintre Van Elven, dont nous reprodui-

1844
COLLÈGE MUNICIPAL CHAPTAL

sons le dessin, nous a permis de sauver de cet irréparable oubli la façade principale du Collège de la rue Blanche. Ce tableau représente un épisode peu connu des derniers jours de la Commune, et nous ne résistons pas au plaisir de le rappeler, car il est tout à l'honneur du directeur de notre ancien Collège.

Un convoi funèbre gravit lentement la pente de la rue Blanche, salué au passage par les fédérés qui occupent la caserne des sapeurs-pompiers, bien connue de nos lecteurs.

Au-dessus de la porte de l'entrée principale du Collège flotte encore un drapeau tricolore, qui abrite de ses plis le vaisseau symbolique de la ville de Paris, ballotté par la tempête ; mais un ordre émané du Comité central vient d'enjoindre au directeur d'y substituer, sans retard, le drapeau rouge de la Commune. Cet ordre n'a pas été exécuté, et la direction déjà menacée se trouve exposée au plus grave péril, lorsque fort à propos les événements se précipitent ; la fusillade éclate dans les rues avoisinant le Collège, et les locaux désertés par les élèves sont occupés par l'état-major de l'une des divisions de l'armée assiégeante.

Lorsque, après avoir franchi la porte principale que reproduit notre gravure, et traversé la cour longue et étroite qui conduisait à la direction, le visiteur jetait un coup d'œil autour de lui sur l'ensemble des constructions, ce qui le frappait d'abord, c'était l'absence de plan régulier, l'aspect disparate et le caractère provisoire des bâtiments acquis à diverses époques ou construits à la hâte, suivant les exigences du moment, en raison de l'augmentation rapide et progressive du nombre des élèves.

Bien que le manque de documents précis se fasse aujourd'hui très vivement regretter, il est facile cependant de se rendre un compte exact de l'emplacement occupé par notre ancien Collège, car le Casino de Paris, dont les constructions s'étendent entre la rue Blanche et la rue de Clichy, a été édifié sur les terrains du Moyen et du Grand Collège.

Etrange destinée qui fit succéder ce refuge du désœuvrement parisien à l'asile du travail et du recueillement, et qui là

Où régnait la vertu fit régner le plaisir,

comme le dit excellemment le chevalier Bertram dans son évocation célèbre !

A peu près au centre de la partie sud des terrains dont nous venons de parler s'élevaient les bâtiments de la direction, qu'il fallait traverser pour se rendre au Petit Collège situé à un niveau inférieur, en raison de la pente assez rapide de la rue Blanche. Un escalier d'une dizaine de marches, situé entre les cabinets du directeur et du préfet général des études, conduisait à un charmant petit jardin tout plein d'ombre et de chants d'oiseaux, bien connu des élèves des divisions supérieures qui s'y attardaient volontiers, lorsqu'ils se rendaient à l'infirmerie, le matin et le soir. Ce jardin se continuait par un gymnase découvert, qui établissait la transition avec les cours bruyantes du Petit Collège.

Les constructions qu'on apercevait au fond de ces cours étaient occupées par les élèves des classes élémentaires et préparatoires et par ceux de première et de deuxième année (1), et ne présentaient dans leur aspect extérieur rien de bien particulier. Au dehors, la large façade qui s'ouvrait sur la rue Blanche par la porte du numéro 19 donnait, par la simplicité de l'ornementation, l'idée d'une grande institution privée ; au dedans, un bâtiment placé en équerre sur celui de la façade renfermait en sous-sol l'unique réfectoire du Petit Collège ; au rez-de-chaussée, deux classes et le cabinet du préfet des études ; aux étages supérieurs, des dortoirs et l'infirmerie générale du Collège. La cour de récréation et l'ensemble des constructions occupaient exactement l'emplacement sur lequel la municipalité a édifié, derrière

(1) Il nous paraît utile de rappeler que la substitution récente des programmes de l'enseignement moderne à ceux de l'enseignement spécial et du baccalauréat ès sciences a modifié la répartition des années dans les divers Collèges. Le tableau

l'église de la Trinité, une des plus belles écoles communales de la ville de Paris.

Dans les dernières années qui précédèrent le grand exode, les plus jeunes enfants se trouvaient bien à l'étroit dans les bâtiments du Petit Collège ; il avait même fallu enjamber la rue Blanche et louer, au bas de la rue Pigalle, un petit hôtel dans lequel furent installés, tant bien que mal, quelques classes d'externes et l'appartement du premier aumônier.

On conçoit sans peine quels inconvénients devaient résulter de l'éloignement considérable des diverses parties du Collège. Le service était pénible, et la surveillance difficile. L'infirmerie générale, nous l'avons déjà dit, établie au deuxième étage du Petit Collège, échappait au contrôle assidu de la direction, et nécessitait un dépla-

suivant établit la concordance entre les anciennes dénominations et celles qui résultent de l'application des nouveaux programmes.

	PETIT COLLÈGE.			
Ancien style :	Cours élémentaires.	Cours préparatoires.	1re année.	2e année.
Nouveau style :	Classes primaires.	1re année.	2e année.	3e année.

	MOYEN COLLÈGE.		GRAND COLLÈGE.	
Ancien style :	3e année.	4e année.	5e année.	6e année.
Nouveau style :	4e année.	5e année.	6e année.	7e année. École centrale. 1re année : École polytechnique. École St-Cyr. École navale.	8e année 2e année : École polytechnique. École normale supérieure.

cement incommode, dangereux même l'hiver, pour ceux des grands élèves que leur santé obligeait à des soins journaliers.

La direction, l'économat, la lingerie et la cuisine faisaient partie du Moyen Collège, et trois fois par jour, les lourdes civières qui transportaient les plats et la nourriture des enfants du Petit Collège descendaient péniblement la rue Blanche, arrêtées parfois par le mauvais temps ou par un encombrement imprévu.

Ajoutons, enfin, que la partie des bâtiments la plus rapprochée de l'église de la Trinité, celle où se trouvaient les chambres des maîtres répétiteurs et des chargés de cours, menaçaient ruine ; on s'était borné à les consolider par de nombreux étais, dont l'enchevêtrement offrait à l'œil un aspect pittoresque mais fort peu rassurant. Là, comme ailleurs, la perspective de l'évacuation prochaine faisait réduire les dépenses d'entretien au strict nécessaire.

Si l'examen du Petit Collège éveillait dans l'esprit du visiteur l'idée d'un vaisseau où le moindre espace est précieusement utilisé, celui du Moyen Collège lui révélait un encombrement poussé jusqu'aux dernières limites.

Les étroits bâtiments, disposés en retour sur la façade principale, et qui ne prenaient jour que sur la longue cour conduisant à la direction, étaient spécialement affectés aux classes, études et dortoirs de la troisième année ; mais ils renfermaient aussi quelques locaux réservés aux services généraux. Au rez-de-chaussée, à droite, la cuisine et ses dépendances, mal partagées au point de vue de l'air et de la lumière, communiquaient avec l'unique réfectoire où se pressaient successivement, et dans le minimum de temps, les six cents élèves du Moyen et du Grand Collège. A cette époque, et pour ajouter à la confusion, les maîtres répétiteurs auxiliaires, les préparateurs, les commis d'économat, les chargés de cours et les professeurs généraux eux-mêmes, prenaient leurs repas au Collège et occupaient, au milieu des élèves, une grande table placée au centre du réfectoire.

Dans l'aile gauche des bâtiments du Moyen Collège, la dépense, située au rez-de-chaussée, vis-à-vis de la cuisine, était séparée des bureaux de l'économat par une salle de classe et d'étude froide et humide, que les rayons du soleil ne visitaient jamais. Un escalier large d'un mètre à peine, dans lequel s'écrasaient vingt fois par jour les nombreuses divisions qui s'y rencontraient fatalement aux heures des mouvements, desservait, au premier étage, les classes et la salle de musique; au second, l'amphithéâtre de physique et l'unique pièce où s'entassait la collection des appareils et des modèles scientifiques; enfin, au troisième étage, sous les toits, la longue salle de dessin et le petit amphithéâtre de la bosse, exposés à toutes les intempéries des saisons. Et cependant, tels étaient la force de l'habitude et l'excellent esprit des élèves, résultant de la bonne direction qui leur était imprimée, que l'ordre et la discipline ne souffraient que bien peu d'atteinte des mauvaises conditions d'une installation aussi défectueuse. L'aile gauche du Moyen Collège, dont nous avons essayé de donner une idée très succincte, était contiguë au petit hôtel de la direction, qui renfermait, au rez-de-chaussée, les antichambres et les cabinets du directeur et du préfet général des études, et, aux deux étages supérieurs, les appartements privés de ces deux fonctionnaires.

Des fenêtres de ces appartements, on découvrait en face de soi les cours de récréation de la troisième et de la quatrième année, ombragées par quelques grands acacias, et séparées l'une de l'autre par une barrière à claire-voie qui ne s'enlevait dans les derniers jours de juillet, à la grande joie des élèves, que pour l'établissement de la tente de distribution des prix.

Dans la cour de quatrième année, un modeste portique et quelques appareils de plein air, vermoulus par le temps, représentaient tout le matériel consacré à l'enseignement de la gymnastique.

A cette époque déjà reculée, les exercices physiques, tant prônés de nos jours, n'avaient pas encore conquis l'importance exagérée que leur accordent les programmes actuels. Les élèves ne songeaient pas à courir les lendits pour détenir les records, et à ravir la coupe aux établissements rivaux. La vérité nous oblige pourtant à affirmer qu'ils ne travaillaient pas avec moins d'ardeur, et qu'ils ne s'en portaient pas plus mal.

Sur la partie droite des deux cours de récréation, une longue galerie, sous laquelle s'abritaient les élèves, supportait quatre grandes classes plantées en l'air sur de minces colonnes, et conduisait au grand bâtiment de quatrième année, dont la façade, absolument nue, occupait toute la largeur de la cour et limitait tristement la vue du côté du nord.

C'est dans cette partie de l'ancien Chaptal que s'ouvraient, au rez-de-chaussée, le sombre amphithéâtre de chimie et les laboratoires abrités sous la longue cour vitrée qui s'étendait entre les classes et le jardin de l'hôtel voisin. Près de l'amphithéâtre, un étroit escalier, véritable casse-cou, conduisait au cabinet redouté du surveillant général des deux Collèges.

En 1858, l'accroissement considérable du nombre des élèves du Grand Collège nécessita l'acquisition de l'hôtel Lejeune, dont les constructions et les dépendances s'étendaient sur la partie du Casino de Paris qui regarde la rue de Clichy.

Un bâtiment de service situé sur la rue même, et qui renfermait les remises et les écuries de l'hôtel, avait été transformé en classes pour les futurs bacheliers de la cinquième année ; au-dessus de ces classes, les modestes appartements du médecin, du surveillant général et de l'économe, prenaient vue sur la cour étroite qui les séparait de l'hôtel proprement dit.

C'était là qu'était la perle, le *clou* de l'ancien Chaptal, comme on dirait aujourd'hui.

Un escalier de belle ordonnance faisait communiquer le grand vestibule du rez-de-chaussée avec les chambres somptueusement décorées où s'alignaient, en longues files, les lits de fer adossés aux lambris dorés.

La classe de sixième année, il n'y en avait qu'une, où les candidats à l'Ecole centrale et à l'Ecole polytechnique suivaient les cours en commun, et la bibliothèque installée dans un fort joli salon de style pompéien, ouvraient toutes deux leurs larges baies sur un délicieux jardin anglais, aux allées ombragées par des arbres centenaires. Au centre du jardin, un bassin faisait jaillir ses eaux murmurantes auprès d'une volière dont les hôtes familiers venaient prendre leur nourriture dans la main des élèves.

Les pensionnaires du Grand Collège, qui émigrèrent en 1875 sur les hauteurs de la rue de Rome, durent éprouver plus d'une fois, comme les captifs de Babylone, la nostalgie de l'Eden qu'ils venaient de quitter.

De ces souvenirs déjà lointains et quelque peu effacés de notre mémoire, nous tirerons une conclusion : c'est que la vie scolaire, dans l'ancien Chaptal, présentait un caractère d'intimité presque familiale, qui bannissait toute tristesse de l'esprit des enfants ; ils n'y ressentaient pas ce vague ennui qui s'exhale souvent d'une uniformité trop administrative, et le passage dans chacun des trois collèges offrait une variété d'aspects qui contribuait à leur en rendre le séjour plus facile et plus agréable.

Néanmoins, les inconvénients multiples que nous avons signalés allaient toujours croissant d'année en année, et à diverses reprises, les Conseils d'administration avaient dû appeler l'attention du Conseil municipal et du Préfet de la Seine sur le besoin urgent d'un nouvel établissement plus vaste et mieux approprié aux exigences de l'éducation et de l'enseignement.

Tout d'abord, une question se posait : devait-on se borner à réédifier sur le même emplacement les bâtiments du Collège, ou bien fallait-il adopter un parti plus radical, et se résoudre à transporter sur un nouveau terrain les pénates et la fortune de l'ancien Chaptal ?

Il est certain que la situation qu'il occupait avait été, à l'origine, admirablement choisie pour la création d'une institution spécialement consacrée à l'étude des sciences, du commerce et de l'industrie, et que son fondateur avait été heureusement inspiré en établissant la pension Saint-Victor dans un quartier tranquille et salubre, au milieu des vastes jardins qui s'étendaient alors jusqu'à la rue Moncey, à quelques pas cependant d'un des centres les plus riches et les plus animés de l'ancien Paris.

Malheureusement, par leur forme irrégulière et par l'éloignement considérable de leurs parties, les terrains de la rue Blanche ne se prêtaient guère à la reconstruction d'un nouveau Collège. Il eût été nécessaire d'exproprier les maisons et les hôtels enclavés entre les cours de récréation ; mais c'était là une opération trop onéreuse pour que l'administration songeât à l'examiner sérieusement. On fut donc amené, par la force des choses, à chercher à proximité de la rue Blanche un vaste emplacement qui pût convenir aux habitudes de la clientèle ordinaire de Chaptal, en évitant toutefois d'imposer un déplacement incommode aux externes qui habitaient les quartiers voisins, et aux demi-pensionnaires, de plus en plus nombreux, que les trains de la banlieue de l'Ouest amenaient chaque matin à la gare Saint-Lazare.

Les suffrages de la Commission municipale étaient partagés entre les vastes terrains de l'ancien abattoir Montmartre, occupés aujourd'hui par le Collège Rollin, et les jardins spacieux, que limitaient le boulevard des Batignolles, la vieille rue du Rocher et la rue de Rome récemment ouverte. Ce fut sur ces derniers que s'établit l'accord définitif du Conseil et de l'Administration, qui se rendirent aux observations très concluantes présentées par la direction du Collège.

La superficie totale du Collège actuel mesure exactement treize mille cinq cents mètres ; mais il est bien regrettable qu'on n'ait pas jugé opportun de donner suite au projet primitif, qui augmentait de trois mille mètres environ cette superficie, en y ajoutant l'îlot compris entre la rue Bernouilli et la rue de Copenhague ; cette acquisition eût permis de donner aux cours de récréation l'ampleur qui leur fait défaut et que l'accroissement considérable du nombre des élèves rend aujourd'hui si nécessaire.

Si l'on examine la perspective du Collège prise à vol d'oiseau, telle que la représente la gravure placée en tête du prospectus, on constate facilement que la division en trois collèges distincts a été maintenue dans le nouveau plan. A première vue, l'œil est frappé par le développement considérable des bâtiments qui s'étendent sur une longueur de plus de cinq cents mètres. L'aspect général de leur ensemble n'a rien de banal et satisfait la curiosité du visiteur par l'art et la variété des détails qui, sans nuire à l'unité nécessaire, rompent très heureusement la monotonie des grandes lignes de l'édifice.

L'architecte a su, l'un des premiers, tirer le meilleur parti de la décoration polychrome la plus rationnelle, en associant harmonieusement à la pierre les matériaux de construction aux couleurs variées et inaltérables : briques et carreaux de nuances diverses, mats ou émaillés, ornements céramiques, fontes et fers apparents, dont la riche coloration fait ressortir de la manière la plus artistique le nouveau système de construction.

Nous devons le féliciter d'avoir enfin compris qu'un établissement consacré à la jeunesse ne doit pas éveiller dans l'esprit des enfants l'idée de caserne, d'hôpital ou de couvent, et d'avoir rompu courageusement avec les vieilles traditions de l'Ecole, en créant une œuvre toute personnelle et véritablement originale.

Chaptal fut le premier en date des nombreux établissements universitaires qui devaient bientôt s'élever sur tous les points de la France ; les travaux, commencés en 1862, interrompus pendant les années néfastes de 1870 à 1872, n'avaient pas exigé moins de douze années pour leur achèvement définitif. Pendant ce long espace de temps, les conditions du programme prescrit à l'origine avaient subi de profondes modifications, et l'édifice, construit pour mille élèves, dont cinq cents internes, devait se prêter à l'installation de plus de douze cents élèves, qui comptaient parmi eux un nombre exact de six cent vingt pensionnaires. De là résultaient à la dernière heure des remaniements fâcheux qui venaient compromettre l'économie des plans primitifs, au grand désespoir de l'architecte, sans toutefois donner une réelle satisfaction aux besoins les plus pressants.

Depuis cette époque, l'effectif de la population scolaire a toujours augmenté ; il atteindra très probablement, lors de la prochaine rentrée, un maximum de quatorze cents élèves qu'il ne faut pas chercher à dépasser ; mais, fort heureusement, la diminution sensible du nombre des internes, qui se produit à Chaptal comme partout ailleurs, est venue apporter le meilleur remède à l'état de pléthore dont les élèves commençaient à souffrir. Les familles ont compris que l'internat, né des conceptions militaires du premier Empire, devait être l'exception et non la règle et que, s'il s'impose dans certains cas particuliers, il ne saurait convenir au plus grand nombre. Le type de l'avenir, celui que paraissent actuellement adopter les familles véritablement préoccupées de l'intérêt des enfants, est celui de la demi-pension, qui concilie les exigences des études avec celles de l'affection et de l'éducation familiales.

L'accroissement de l'effectif ne s'est pas fait sentir également dans chacune des trois divisions du Collège ; depuis quelques années, il s'est manifesté plus particulièrement dans les cours supérieurs, probablement en raison de l'impulsion plus vigoureuse donnée aux études spéciales, mais aussi comme conséquence des succès et des brillants résultats obtenus dans la préparation aux grandes écoles de l'Etat et dans la plupart des examens universitaires.

Il a donc fallu, pour faire face aux nécessités qui s'imposaient, modifier l'ancienne organisation, convertir en classes et en salles d'étude des dortoirs inoccupés, apporter enfin à l'agencement des locaux et à l'amélioration du matériel tous les perfectionnements qu'une étude plus attentive et plus soucieuse des intérêts moraux et hygiéniques de l'enfance a introduits et sanctionnés dans les établissements d'instruction publique.

Parmi les travaux les plus importants exécutés au Collège depuis l'année 1875, nous citerons rapidement : le transfert de la bibliothèque générale dans l'ancienne chapelle désaffectée en 1881 ; la construction, sur la rue Andrieux, d'un grand gymnase qui pourrait servir de modèle à bien des établissements spéciaux ; celle des ateliers de travail manuel que doivent occuper prochainement de nouveaux laboratoires de manipulations chimiques pour les élèves du Moyen Collège ; la création d'un cercle destiné aux fonctionnaires, et enfin, plus récemment, l'installation à l'usage des maîtres répétiteurs de chambres nouvelles, remplaçant avec avantage celles qui leur étaient primitivement attribuées et dont les conditions laissaient beaucoup trop à désirer.

Nous n'entreprendrons pas de donner dans ces quelques pages une description complète du Collège actuel, et nous n'insisterons pas davantage sur les détails de son organisation intérieure ; le lecteur désireux d'en faire une étude spéciale pourra s'en rendre compte, *de visu*, les jours où la visite générale du Collège est autorisée : le jeudi dans l'après-midi, et le dimanche matin. Nous dirons seulement quelques mots des locaux dont le type plus particulier au Collège nous paraît devoir présenter quelque intérêt.

Lorsque, après avoir franchi l'élégant vestibule qui sert de trait d'union entre les Collèges et les divers services de l'administration, on pénètre dans le « jardin charmant tout parfumé de roses » qui sépare les cours de récréation ombragées de tilleuls, on voit s'élever devant soi la façade de l'ancienne chapelle, avec ses hautes fenêtres ornées de vitraux et sa porte monumentale que surmonte un gracieux campanile à jour. Elle offre maintenant un magnifique asile aux huit mille volumes de la bibliothèque générale, composée d'ouvrages qui embrassent toutes les branches des connaissances humaines, et dont quelques-uns mêmes sont devenus fort rares. Deux fois par jour, elle s'ouvre pendant le temps des récréations aux élèves du Moyen et du Grand Collège, qui viennent s'y délasser par des lectures attrayantes de la fatigue et de la sévérité de leurs études ; les plus zélés compulsent les ouvrages spéciaux pour y puiser les renseignements qu'ils n'ont pu trouver dans les livres plutôt classiques de leurs bibliothèques de quartier.

Au centre de la grande nef, autour de laquelle s'alignent les vitrines en pitch-pin surmontées des bustes des littérateurs et des savants les plus illustres, on admire un très beau tableau de Paul Ferrier, qui montre aux élèves la part glorieuse prise par leurs aînés à la défense du pays, dans la dernière guerre de 1870. L'inscription qui l'accompagne (1) leur rappelle, chaque jour, que l'idée de sacrifice et de dévouement à la patrie doit être étroitement associée à celle du travail et de l'étude, et que le sentiment du devoir et de l'honneur doit toujours planer dans leur cœur bien au-dessus des passions et des intérêts égoïstes.

Le jeudi soir, pendant les mois d'hiver, les échos des voûtes habituellement silencieuses de la bibliothèque retentissent des joyeux éclats de rire et des applaudissements répétés, par lesquels les élèves témoignent toute leur sympathie aux excellents artistes appartenant la plupart à nos grands théâtres nationaux, qui interprètent si brillamment, sur la petite scène du Collège, les chefs-d'œuvre de notre littérature classique.

Les plus belles poésies des âges divers, les récits de nos meilleurs conteurs, les scènes principales empruntées au théâtre de nos plus grands auteurs comiques et dramatiques, viennent ainsi se graver sans effort dans la mémoire des écoliers, éveiller leur imagination et développer en eux le sens littéraire, qui peut fort bien s'allier, quoi qu'on ait dit, au jugement et à la méthode scientifiques.

(1) A LA MÉMOIRE DES ANCIENS ÉLÈVES DU COLLÈGE CHAPTAL
MORTS POUR LA PATRIE
1870-71

A GEORGES BELL
ÉLÈVE DU COURS DE MATHÉMATIQUES SPÉCIALES
TUÉ A BUZENVAL

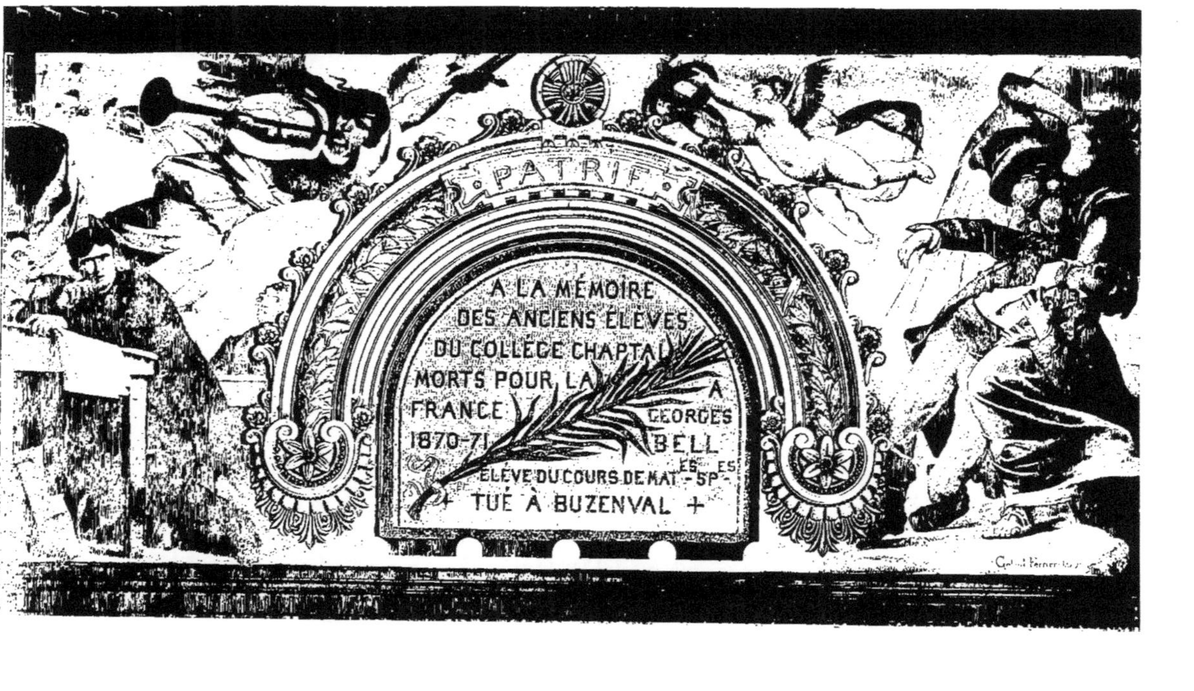

PATRIE
A LA MÉMOIRE
DES ANCIENS ÉLÈVES
DU COLLÈGE CHAPTAL
MORTS POUR LA
FRANCE
1870-71
A
GEORGES
BELL
ÉLÈVE DU COURS DE MAT - 5P ES ES
TUÉ À BUZENVAL +

L'éducation artistique des élèves de Chaptal n'a rien à envier à la culture littéraire, qui leur est largement dispensée par les nouveaux programmes de l'enseignement secondaire moderne. Déjà dans l'ancien Collège, malgré l'insuffisance des locaux et la pauvreté du matériel, l'étude du dessin consacré à l'art pur ou à ses applications industrielles était l'objet des préoccupations de la direction, qui le comptait parmi les facultés obligatoires et essentielles de l'enseignement.

Un simple coup d'œil jeté sur la salle actuelle de dessin, aux proportions vastes et grandioses, avec sa belle collection de moulages, ses fac-similés et ses reproductions photographiques d'après les grands maîtres de toutes les époques, nous prouve que la direction actuelle a su maintenir les excellentes traditions consacrées par les succès obtenus dans les diverses expositions.

Les cours des sciences physiques et naturelles ont toujours occupé l'une des premières places dans l'enseignement du Collège.

Grâce aux libéralités du Conseil municipal de Paris, qui s'est toujours montré si dévoué aux intérêts de Chaptal et qui ne lui a jamais marchandé les crédits nécessaires aux études, les collections, installées dans de vastes locaux, sont tenues régulièrement à hauteur des progrès réalisés par la science. Les amphithéâtres, les laboratoires de physique et de chimie et les salles de manipulations plus particulièrement affectées aux élèves sont pourvus des instruments les plus nouveaux et les plus perfectionnés.

Dans ces dernières années, l'éclairage par l'électricité des amphithéâtres et des salles d'étude pour les divisions supérieures a fourni l'occasion d'une installation complète et tout à fait remarquable, qui initie les élèves aux derniers perfectionnements de cette science de l'avenir.

Un projet, récemment soumis au Conseil municipal et qui recevra très probablement son approbation, permettra d'étendre aux autres parties de l'établissement ce mode d'éclairage si favorable à l'hygiène, et les laboratoires en profiteront sans doute pour réaliser quelques-unes des expériences qui exigent absolument l'emploi de courants très énergiques.

Parmi les créations qui ont obtenu le plus grand succès, nous citerons en dernier lieu celle des projections lumineuses, auxquelles est spécialement affecté un amphithéâtre agencé d'une manière aussi ingénieuse que pratique. Un excellent appareil Molteni, à double effet, permet de projeter sur un écran, qui ne mesure pas moins de vingt-cinq mètres carrés, les deux mille vues photographiques qui reproduisent avec une admirable fidélité les sites les plus variés et les monuments les plus remarquables du monde entier. A chacune des six séances que l'emploi du temps consacre pendant l'année, pour chacune des divisions, aux projections d'histoire et de géographie, le professeur fait défiler méthodiquement sous les yeux des élèves la série des vues qui ont trait aux leçons précédentes ; il leur explique, *de visu,* les caractères qui distinguent entre elles les diverses contrées du globe au point de vue des races, des fleuves et des montagnes, des glaciers, des volcans et de tous les accidents du sol. Les monuments lui fournissent l'occasion de donner quelques notions succinctes sur l'art et sur les styles en architecture aux diverses époques, mais c'est surtout à l'étude de l'histoire ancienne que les projections lumineuses rendent le plus grand service ; il faut entendre les exclamations enthousiastes des élèves, lorsque, sur le vaste écran, se déroule, avec toute l'apparence de la réalité, la longue suite des monuments de l'ancienne Égypte, depuis les confins de la Nubie jusqu'au delta du Nil, ainsi que les ruines imposantes des grands temples de l'Inde et des monuments qui témoignent encore de la grandeur d'Athènes et de Rome.

Les sciences physiques et naturelles trouvent aussi, dans les projections lumineuses, un auxiliaire précieux pour l'étude des phénomènes géologiques et pour celle des infiniment petits. Le grossissement de quatre mille fois en surface, obtenu directement, permet de saisir sur le fait les phénomènes si intéressants de cristallisation et de décomposition des corps par l'électricité, et par l'adjonction à l'appareil du microscope solaire, les organes de la vie animale, invisibles à l'œil nu, révèlent leurs admirables secrets au regard émerveillé de l'élève.

Si incomplète que soit cette courte notice, nous espérons qu'elle suffira néanmoins à donner un aperçu général des progrès réalisés à Chaptal depuis ses origines jusqu'à l'époque actuelle.

Nous avons dû, à notre très grand regret, ne citer aucun nom parmi tous ceux des hommes de talent et de cœur qui ont contribué par leurs travaux à assurer la prospérité du Collège en même temps que sa grandeur intellectuelle et morale. Notre vœu le plus cher est de voir combler prochainement une lacune aussi regrettable, et nous espérons que, parmi les auteurs et les publicistes de grand mérite que nous nous honorons de compter au nombre de nos camarades, il se trouvera un ancien élève de bonne volonté pour écrire un livre qui lui méritera la reconnaissance de tous : « le Livre d'or du Collège Chaptal ».

Ch. BOUCHER.

TROISIÈME PARTIE

LES DOCUMENTS

ÉCOLE FRANÇOIS IER

PERSONNEL AU 1er OCTOBRE 1844.

Directeur	MM.	Goubaux.
Aumônier		L'abbé Dancel.

MAITRES ADJOINTS

Instruction morale et religieuse . . .	MM.	L'abbé Lacombe, le pasteur Coquerel.
Classe élémentaire		Pasquier.
Cours préparatoire		Chaulin.
Cours de première année		Dufossé.
Cours de deuxième année		Didiot.
Cours de troisième année		Goubaux fils.
Cours de mathématiques		Francœur fils.
Cours de chimie		Taillard.
Cours d'histoire naturelle		Ysabeau.
Cours de littérature et d'histoire		Potier.
Cours de langue anglaise		Hirch.
Cours de langue allemande		Sander.
Cours de langue espagnole		Pablo de Alvarez.
Cours de travaux graphiques		Noël.
Cours de dessin de tête		Armand.
Cours d'écriture		D'Arbel (aîné).

SURVEILLANCE

Inspecteur	MM.	Thouvenel.
Maîtres d'études		Durand, Doche, Charvet, Mesnard.

COLLÈGE CHAPTAL

PERSONNEL AU 1ᵉʳ OCTOBRE 1894.

ADMINISTRATION

Directeur. . . . . MM.   Coutant ✽, I. ✺.
Préfet général des études. . . . .   Ch. Boucher ✽, I. ✺.
Économe . . . .   Masse I. ✺.
Préfet du Petit Collège. . . . .   Humbert I. ✺.
Surveillant général du Grand Collège. .   Capitain A. ✺.
Secrétaire de la direction. . . . .   Gally I. ✺.
Inspecteurs . . . .   Céré A. ✺, Boilley A. ✺.
Médecin . . . .   Dʳ Sevestre ✽, médecin des hôpitaux.
Chirurgien. . . . .   Dʳ Quenu ✽, chirurgien des hôpitaux.
Oculiste . . . .   Dʳ Dehenne ✽, I ✺,
Chirurgien-dentiste . . . .   Dʳ Viau A. ✺.
Interne . . . .   Flandrin.
Commis d'économat. . . . .   Hamelin A. ✺, Carrot A. ✺, Gamsie,
Degouey.

PROFESSEURS DIRECTEURS D'ÉTUDES

MM. Vinot I. ✺, Lesesne I. ✺, Veyret I. ✺, Carles I. ✺, Vuillet I. ✺, Hatat I. ✺,
Baubeau, I. ✺, Henry A. ✺, Defiol, Boissier, Delorme, Sermonat, Sengel,
Boitel, Boillot, Moguez, Roubier, Lanfranchi, Ragot, Montourcy, Sa-
mion A. ✺, Laborde-Sacaze, Marion, Penel.

Instituteurs adjoints. . . . . .MM.   Rigal, Noguès, Dieudonné A. ✺, Quiriel,
Cayron, Béché, Andrieu, Etoc, Pastre.

PROFESSEURS SPÉCIAUX

Mathématiques spéciales . . . . MM.   Weill, I. ✺. Terrier A. ✺, Girault I. ✺.
Géométrie descriptive . . . .   Malloizel A. ✺.

Physique . . . . MM.	Wund, Aubert A. ✿, Abraham A. ✿, Guillet.
Mécanique et Cosmographie.	Chaumeton A. ✿, Coulom, Caronnet.
Chimie.	Maquenne I. ✿, Lespieau.
Technologie et Matières premières. . . .	Protat A. ✿.
Histoire naturelle et Hygiène.	Renault ✸, I. ✿, Arthaud A. ✿, Michel A. ✿.
Littérature française	Gasztowtt I. ✿, Kuhff A. ✿, Aderer ✸, I. ✿, Dauphiné I. ✿, Mainard ✸, A. ✿, Hinzelin A. ✿.
Philosophie.	Dumas A. ✿.
Histoire.	Ammann I. ✿, Choublier ✸, I. ✿, Parmentier.
Géographie.	Jalliffier ✸, I. ✿, Lesiour I. ✿, Lanier I. ✿, Guy.
Instruction morale et Philosophie.	Guardia, Dumas A. ✿.
Législation commerciale et industrielle. . .	Letort ✸, I. ✿.
Langue allemande.	Lück I. ✿, Gilliéron A. ✿, de Novina, Kister A. ✿, Freytag, Guillaume, Simonnot, Chopin.
Langue anglaise	Cammartin A. ✿, Faribault, Gricourt, Guillaume, Carayon.
Langue espagnole.	Bruils I. ✿.
Comptabilité commerciale	Claperon A. ✿.
Dessin géométrique	Moreau A. ✿, Salson, Chaix A. ✿.
Dessin d'ornement et d'académie.	Loudet I. ✿, Millot, Nel - Dumouchel, A. ✿.
Calligraphie	Lecoq.
Lecture expressive.	Ricquier I. ✿.
Conférences et examens.	Abraham A. ✿, Agnant ✸, Bertinet, Bresson A. ✿, Délu, Demeunynck, Fabre, Jagnaux I. ✿, Bocquet, Masse Métral, Lacroix, Protat A. ✿, Rollet, Simon, Coulom, Dubois, Dunan I. ✿, Thybaut, L. Haudié, P. Haudié, Wallet, Collardeau, Castaing, Duchez, Guy, Martin O. ✸, Merlieux, Sarraz, Diot, Périer I. ✿, Faure, Cestre, Ytier.
Escrime.	Rouvière.

Boxe et canne . . . . MM.   Mancel, Murat.
Équitation. . . . .   Lalanne.
Piano. . . . .   De Châtillon, Martin, Legouix, Bour-
                                         geois I. Q, Blachette, Mᵐᵉ Combes.
Violon . . . .   Morhange A. Q, Brossa A. Q.
Chant. . . . .   Margaillan.
Gymnastique . . . .   Mancel, Murat, Souchal, Rousselet.
Préparateurs . . . .   Lacroix A. Q, Protat A. Q, Niel, Blouet.
Répétiteurs . . . .   Bernard, Legendre, Bercot, Billiard,
                                         Milet, Ruault, Huguenin, Loncan,
                                         Aunay, Provost, Wattement, Fafour-
                                         noux, Charpentier, Daube.

MOUVEMENT DÉCENNAL DE LA POPULATION SCOLAIRE

DE 1844 A 1894

Octobre.

1844.	139 élèves.
1854.	433 —
1864.	935 —
1874.	1 194 —
1884.	1 178 —
1894.	1 391 —

Total des élèves entrés au Collège Chaptal depuis sa fondation jusqu'en 1894 : 17 876.

CHENE & CONGUET, Imp.

PRIX DE L'ASSOCIATION AMICALE

DES ANCIENS ÉLÈVES DU COLLÈGE CHAPTAL

DÉCERNÉ A L'ÉLÈVE DU COURS DE MATHÉMATIQUES SPÉCIALES
QUI S'EST LE PLUS DISTINGUÉ PAR SON APPLICATION, SA CONDUITE
ET SES PROGRÈS.

NOMS DES LAURÉATS (1855-1894)

MM.

1855. POTIER (Alfred), O. ✿, membre de l'Institut, ingénieur en chef des mines, professeur à l'École polytechnique.

1856. DREUX (Émile) [situation inconnue].

1857. AUBÉ (Émile) [situation inconnue].

1858. GARIEL (Charles), O. ✿, ingénieur en chef des ponts et chaussées, professeur à la Faculté de médecine de Paris.

1859. PRUDHON (Réné), professeur de mathématiques spéciales au Lycée de Marseille (décédé).

1860. POUJADE (Émile). professeur de mathématiques spéciales au Lycée de Lyon.

1861. LOREAU (Alfred), ✿, ingénieur civil.

1862. LENCLUD (Auguste), ✿, ingénieur en chef des ponts et chaussées (décédé).

1863. RENARD (Georges), O. ✿, chef de bataillon du génie.

1864. SEROUX D'AGINCOURT (Jules), ✿, chef de bataillon du génie.

1865. ROBERT (Alexandre), ✿, chef d'escadron d'artillerie.

1866. BOUCHER (Charles), ✿, I. O, préfet général des études au Collège Chaptal.

1867. PÉLISSIER (Raoul), ✿, ingénieur civil.

1868. POULET (Georges', ✿, ingénieur en chef des ponts et chaussées.

1869. DUAULT (Armand), ✿, chef d'escadron d'artillerie.

1870. PÉLISSIER (Eugène), ingénieur civil.

1871.   [Pas de prix décerné en 1871.]

1872. BADOUREAU (Albert), ✿, ingénieur en chef des mines.

1873. BONNEFOY (Marcel), ingénieur des mines (décédé).

1874. AVED DE LOIZEROLLES (Georges), capitaine d'artillerie.

MM.

1875. PELLETIER (Henri), ingénieur des télégraphes.

1876. COUSIN (Henri), ingénieur des mines.

1877. VÉZIN (Georges), ingénieur des ponts et chaussées.

1878. BOUYGUE (Auguste), professeur à l'École Jean-Baptiste-Say.

1879. CHANINEL (Victor), capitaine d'artillerie.

1880. GÜITTARD (Albert), ✠, capitaine d'artillerie de marine.

1881. MARSAIS (Jean-Lucien), élève à l'École polytechnique (décédé).

1882. QUINTIN (Gustave), ingénieur des ponts et chaussées.

1883. FLORENTIN (Réné), lieutenant d'artillerie.

1884. CHAUMETON (Réné), lieutenant d'artillerie.

1885. BOURDIN (Albert-Joseph), lieutenant d'artillerie.

1886. ABRAHAM (Henri), A. ♦, professeur agrégé de physique au Lycée Louis-le-Grand et au Collège Chaptal.

1887. FAVEERS (Eugène), élève du cours de mathématiques spéciales (décédé).

1888. DÉLU (Louis-Auguste), ingénieur civil des mines.

1889. BOCQUET (Jules), professeur agrégé de mathématiques.

1890. PETIT (Albert), lieutenant d'artillerie.

1891. BACHELLERY (Félix), sous-lieutenant d'artillerie à l'École d'application de Fontainebleau.

1892. BUISSON (Henri), élève à l'École normale supérieure.

1893. PARODI (Hippolyte), élève à l'École polytechnique.

1894. BIJARD (Dominique), élève à l'École polytechnique.

PRIX D'HERBECOURT

Fondé par l'Association amicale des anciens élèves, en mémoire de M. d'Herbecourt (1860-1884), ancien professeur de dessin géométrique au Collège Chaptal et ancien vice-président du Comité de l'Association, en faveur de l'élève du cours de cinquième année qui a obtenu les meilleures notes en dessin géométrique.

NOMS DES LAURÉATS (1885-1894)

MM.	MM.
1885. LAISNÉ (Edgard-Maurice).	1890. MULLER (Henri).
1886. DECENS (Charles).	1891. DERVAL (Eugène).
1887. TISON (Amédée).	1892. FROMAGE (Eugène).
1888. MATHIAN (Hilaire).	1893. COURTOIS (Gaston).
1889. HEUBÈS (Frédéric).	1894. CAPELLE (Louis).

PRIX AMIOT [1]

Fondé par feu M. Amiot, ancien professeur de mathématiques spéciales au Collège Chaptal (1856-1865), décerné à l'élève qui a obtenu la plus forte moyenne dans les examens de mathématiques et de géométrie descriptive.

NOMS DES LAURÉATS (1867-1894)

MM.

1867. BLANCHECOTTE (Alphonse), ✤, chef de bataillon du génie.

1868.
{ VILLEMER (Armand), ingénieur des manufactures de l'Etat.
{ DUAULT (Armand), ✤, chef d'escadron d'artillerie.

1869. DUPAIN (Lucien), ✤, chef d'escadron d'artillerie.

1870. GOUPIL (Albert), ✤, ingénieur des ponts et chaussées.

1871. CLAVENAD (Claude), ingénieur des ponts et chaussées.

1872. BONNEFOY (Marcel), ingénieur des mines (décédé).

1873. CONNESSON (Étienne), élève du cours de mathématiques spéciales (décédé).

1874. EYBERT (Adrien), capitaine d'artillerie.

1875. LION (Louis), capitaine d'artillerie.

1876. VÉZIN (Georges), ingénieur des ponts et chaussées.

1877. BATARD (Alexandre), capitaine d'artillerie.

1878. KRIEG (Edmond), ingénieur civil.

1879. FABRY (Paul), a quitté le Collège en 1880.

1880. DUCHESNE (Jules), capitaine d'artillerie.

1881. DUCHESNE (Jules), capitaine d'artillerie.

1882. GUILLOUX (Joseph), ingénieur du génie maritime.

1883. TISSIER (Louis), lieutenant du génie.

1884. BOURDIN (Albert), lieutenant d'artillerie.

1885.
{ SYLVESTRE (Henri), enseigne de vaisseau.
{ ABRAHAM (Henri), professeur agrégé de physique au Lycée Louis-le-Grand
{   et au Collège Chaptal.

1886. DUPRAT (Réné), lieutenant du génie.

1887. SIMON (Louis), professeur de sciences physiques.

---

(1) M. Amiot a également fondé, au Collège, une bourse d'interne qui porte son nom et qui doit être exclusivement attribuée au fils d'un membre du personnel du Collège.

MM.

1888. Bocquet (Jules), professeur agrégé de mathématiques.
1889. Thybaut (Alexandre), professeur agrégé de mathématiques.
1890. Artus (Gustave), lieutenant d'artillerie.
1891. Duchez (Gabriel), élève ingénieur du génie maritime.
1892. Faure (Henri), élève ingénieur du génie maritime.
1893. Poussin (Réné), élève à l'École polytechnique.
1894. Michel (Charles), élève à l'École normale supérieure.

RÉSULTATS SCOLAIRES

1872 A 1894

Élèves admis à l'École normale supérieure. 17
à l'École polytechnique 134
à l'École centrale des arts et manufactures. 295
à l'École de Saint-Cyr . . . . 6 (cours créé en 1892).
à l'École navale. . . . . 4 »
à l'Institut agronomique . . . . 13 »
à l'École municipale de physique et de
chimie 62
à l'École des mines 7
à l'École des ponts et chaussées. 4
à l'École normale d'instituteurs. 19
à l'École d'Alfort. 4
aux Écoles d'agriculture 13
à l'École coloniale 2
au Conservatoire national de musique et
de déclamation. 1
aux Baccalauréats ès sciences, de l'enseignement spécial et de l'enseignement
moderne 979

ÉLÈVES AYANT OCCUPÉ DEPUIS 1872

LE PREMIER OU LE DEUXIÈME RANG DANS LES GRANDES ÉCOLES

École normale supérieure . . . . MM. BADOUREAU, ABRAHAM, BOCQUET, THY-
BAUT, TERRIER, BUISSON, MICHEL.
École polytechnique. . . . . BADOUREAU, BONNEFOY, BERNARD,
COUSIN, DUCHEZ, BACHELLERY (A.).

École des mines . . . . MM. Doury, Ticier.
École centrale des arts et manufactures. Krieg, Michau, Chrétien, Ollivier, Œsinger, Boucheron, Parent, Garnier.
École de Saint-Cyr . . . . Mercier.
École navale . . . . Martin.
École municipale de physique et chimie. Demoussy, Chercheffsky, Lizeray, Barriol, Philippe.
École d'Alfort . . . . Canas.
Conservatoire national de musique et de déclamation . . . . Veyret.

QUATRIÈME PARTIE

FÊTES DU CINQUANTENAIRE

FLVCTVAT NEC MERGITVR
ECOLE FRANÇOIS 1er
COLLÈGE CHAPTAL

BANQUET DU 26 JUILLET 1894

Le 26 juillet 1894, à midi, le Conseil municipal offrait au personnel du Collège Chaptal, dans la salle de dessin, un banquet à l'occasion de la cinquantième année d'existence du Collège.

Ce banquet était présidé par M. Clairin, membre du Conseil municipal, président du Conseil d'administration du Collège, assisté de MM. Seignouret, chef du cabinet de M. le ministre de l'instruction publique ; Laurent-Gély, vice-président du Conseil général de la Seine ; Berthelot, membre du Conseil municipal et du Conseil d'administration du Collège ; Gariel, président de l'Association amicale des anciens élèves du Collège ; May, chef des services administratifs de la direction de l'enseignement ; Beurdeley, maire du huitième arrondissement, etc.

Les anciens professeurs et les élèves du Grand Collège occupant le premier rang dans leur division assistaient également à ce banquet.

Au dessert, M. Coutant, directeur du Collège, a prononcé le discours suivant :

« Messieurs,

« Permettez-moi de remercier tout d'abord M. le Ministre de l'instruction publique d'avoir bien voulu accepter la présidence d'honneur de notre Cinquantenaire, d'avoir bien voulu aussi se faire représenter par son chef de cabinet à cette fête à laquelle un devoir impérieux l'empêche seul d'assister. Permettez-moi encore d'adresser de sincères remerciements aux amis de Chaptal qui, en se rendant aujourd'hui à notre invitation, ont donné au Collège un témoignage inoubliable de sympathie. Qu'ils ne soient pas surpris et qu'ils veuillent m'excuser si je leur fais entendre un long éloge de notre vieux Collège et de son passé. Si je ne faisais pas cet éloge d'abord, il n'est pas un maître ici, pas un professeur qui ne le ferait à ma place, avec plus de talent peut-être, mais non pas avec plus de sincérité et de conviction, avec une plus absolue certitude de la vérité même de l'éloge.

« Au dehors, il est vrai, on a bien pu, sur l'annonce de la célébration de notre Cinquantenaire, nous taxer de présomption, au moment où les grandes écoles, Polytechnique et Normale, ont fêté déjà ou vont fêter leur Centenaire. Mais

— 88 —

d'abord, il ne s'agit pour nous que d'un Cinquantenaire ; nous gardons les distances. Et puis, qu'on me pardonne le mot, Chaptal est... Chaptal ; ou plutôt, suivant l'expression d'un vieil ami du Collège qui nous aida toujours à rester ce que nous sommes, j'ai nommé M. le recteur (1), Chaptal qui, sans ressembler à rien, réussit mieux que personne, est une *heureuse monstruosité*. Le cas est assez rare en France, pour qu'on y prenne garde ; il est assez rare, pour qu'on cherche, après cinquante ans d'existence, les raisons de cette réussite, ne fût-ce que pour y trouver l'occasion de rendre à son fondateur et aux maîtres du passé, nos prédécesseurs, un hommage mérité, en vue peut-être aussi de montrer la vraie route à suivre à ceux qui viendront après nous, à ceux qui seront du Centenaire.

« L'idée de son fondateur, de l'homme de talent et de cœur qui, avec l'aide de la Ville de Paris, créa en 1844 l'École François Ier, devenue en 1848 le Collège Chaptal, il est à peine besoin de la rappeler. Prosper Goubaux voulait un enseignement nouveau, non pas certes opposé à l'enseignement classique proprement dit, mais approprié à la société moderne ; le mot même, officiel aujourd'hui, d'*enseignement moderne* se trouve dans un discours de distribution de prix d'autrefois. Goubaux voulait plus encore et mieux peut-être : il voulait un système d'éducation différent du système universitaire d'éducation moderne. Ce double projet, il n'eut pas le temps, bien loin de là, de le réaliser. Mais il en a établi les bases avec une sûreté de jugement, une netteté de vues, souvent même une précision d'exécution telles, qu'il semble avoir pressenti, je pourrais dire préparé, certaines réformes universitaires de l'avenir.

« C'est sur ces bases qu'a été construit pierre à pierre, en quelque sorte, l'édifice actuel par ceux qui, à la suite du maître fondateur, ont consacré à l'œuvre

(1) M. le recteur, retenu au ministère de l'instruction publique par les travaux du Conseil supérieur, s'était excusé de ne pouvoir assister au banquet du Cinquantenaire par la lettre suivante, adressée à M. Coutant, directeur du Collège Chaptal :

25 juillet 1894.

« Monsieur le Directeur,

« J'espérais aujourd'hui encore que je pourrais répondre à votre invitation. C'eût été pour moi une véritable fête d'assister au Cinquantenaire du Collège Chaptal, le premier des grands établissements de la Ville de Paris au développement desquels je suis resté si profondément attaché.

« La séance du Conseil supérieur de l'instruction publique qui aura lieu demain matin et qui se prolongera tard ne me permettra pas cette satisfaction, et j'ai fort à cœur de vous en exprimer mes vifs regrets.

« Recevez en, monsieur le Directeur, l'affectueuse expression, avec le renouvellement de mes sentiments les plus distingués.

« Gréard. »

leur vie entière et que je n'ai pas besoin de désigner autrement à vos respectueux hommages.

« C'est en effet à leurs efforts incessants et à leur volonté opiniâtre que l'œuvre doit d'avoir reçu peu à peu dans ces cinquante années son développement progressif et régulier. Certes, loin de moi la pensée de vouloir parler ici histoire ou politique. Mais il en est un peu des systèmes d'instruction et d'éducation comme des constitutions politiques : rarement les meilleurs se créent tout d'une pièce ; ils se développent bien plutôt avec le temps, s'appropriant peu à peu à la nature de ceux qui les subissent comme aussi aux besoins de l'époque et aux progrès mêmes de la société. Or telle a été, si je ne me trompe, l'heureuse destinée du système d'instruction et d'éducation établi par Goubaux au Collège Chaptal.

« Si vous le voulez bien, suivons-le rapidement dans ses évolutions de 1844 à nos jours ; suivons-le à l'aide des palmarès mêmes du Collège, que j'ai récemment parcourus en vue de l'histoire du Collège que nous préparons. Cinquante palmarès à lire environ ! Ce serait là, semble-t-il en général, un genre d'occupation d'intérêt médiocre, dans l'uniformité même des félicitations et des conseils d'usage ! Mais, dans nos palmarès, le spectacle change chaque année : l'intérêt grandit à chaque pas. — Il n'y est pas uniquement question des succès du Collège qui, dès le début cependant, préludait brillamment à ses destinées futures avec de Tournière, le premier de la promotion de 1848 à l'École navale, surtout avec Potier-Goubaux, le petit-fils même du directeur, le premier de la promotion de 1855 à Polytechnique, celui dont on disait alors « qu'étant le modèle le plus achevé de ce que l'œuvre « de son grand-père était appelée à produire, il ne tarderait pas à l'illustrer ». On sait comment il a tenu parole. Dans ces palmarès encore, les conseils eux-mêmes occupent une place relativement restreinte. — Ce sont surtout les progrès de l'œuvre, chaque année constatés avec précision, qui exercent sur l'esprit du lecteur un puissant attrait. Chacune de ces distributions de prix ne semble pas être un événement isolé. Elles sont en quelque sorte les manifestations successives d'une seule et même vie qui suit son cours normal. Nous n'avons pas seulement sous les yeux la monographie d'un collège ; nous suivons la biographie d'une individualité qui pense, et agit, et va de l'avant.

« La vie, en effet, voilà ce que nous retrouvons toujours dans l'enseignement de Chaptal, et dès le début. Et par ce mot, je n'entends pas une agitation stérile poussant dans tous les sens les innovations au gré des caprices d'imagination de l'inventeur : le but à atteindre est marqué à l'avance, et le Collège, orienté dans cette direction, ne dévie pas de la route qui y mène.

« Dès 1844, nous y retrouvons certains essais, bien étranges à l'époque, tombés aujourd'hui dans la banalité : l'enseignement de la comptabilité, celui de la géographie séparé de l'histoire, celui même de la géographie commerciale placé à part. En 1848, c'est la technologie qui fait son apparition, suivie bientôt des visites d'usines. Quant aux langues vivantes. dès 1854 l'importance en est assez reconnue à Chaptal pour qu'on y distingue, dans les compositions, l'écrit et l'oral. En 1861, l'histoire de la civilisation se trouve dans le programme de troisième année. Les leçons de choses encore dans les classes élémentaires datent ici de 1860; on éprouve même alors quelque difficulté à leur donner un nom. « Ce ne sera, disait « le directeur, dans un discours de fin d'année, ce ne sera spécialement ni de la « physique, ni de la chimie, ni de la mécanique, ni de l'histoire naturelle, mais un « peu de tout cela, et avant tout, une méthode pour l'intelligence bien plus qu'une « acquisition nettement définie pour la mémoire. » N'est-ce pas là vraiment, en dépit de son apparente indécision, une définition remarquablement précise de ces « leçons de choses » qui, quelque quinze ans plus tard, firent si bien leur chemin ? — Et combien d'autres innovations heureuses pourrais-je rappeler encore, innovations qui ne nous surprennent pas, nous, les contemporains de l'Université républicaine, qui depuis vingt ans a donné à toutes les questions d'instruction publique dans notre pays une si merveilleuse impulsion ! Mais qu'on se rappelle ces longues années de stagnation universitaire qui, à deux ou trois exceptions près, les ont précédées, et l'on en comprendra toute la valeur.

« Aussi, viennent un jour des réformes scolaires marquant un progrès dans la marche en avant de l'Université ! Et le Collège se trouvera prêt, je ne dis pas à les recevoir, mais à profiter de ce qu'il a fait déjà lui-même dans le même sens. Aussi bien ne peut-on pas dire que le baccalauréat ès sciences de 1853, l'enseignement spécial de 1865 et celui de 1886, l'enseignement secondaire moderne de 1891, n'ont pas été pour nous des réformes, mais bien plutôt pour nos études la consécration d'essais déjà tentés par le Collège ? Le fait est à ce point manifeste qu'à Chaptal, où nous sommes quelque peu chauvins, il ne faudrait pas beaucoup insister pour nous amener à dénoncer, dans ces diverses circonstances, non pas absolument le plagiat de l'Université, mais tout au moins une imitation que nous qualifierions peut-être d'*indiscrète*, si nous n'en tirions honneur et profit.

« Mais ce n'est là qu'une partie de l'œuvre de Goubaux, la plus connue. Il en est une autre, moins remarquée, bien curieuse pourtant : c'est celle qui a trait à l'éducation de l'enfant, je pourrais dire à son éducation d'homme et de citoyen.

« Il ne m'appartient pas ici sans doute de faire le procès de l'ancienne éducation universitaire, de celle qui datait du premier Empire. Mais, à en croire ce qu'on en a dit, l'application rigoureuse d'un règlement aussi immuable qu'impersonnel y tenait une large place ; la discipline, dans ces conditions, était plus militaire que scolaire ; elle songeait moins peut-être à former les caractères qu'à les dompter.

« Avec Goubaux, ces vieilles coutumes disparaissent ; le règlement n'est plus le maître absolu au Collège; le directeur y tient la place qui lui revient. Cette place, on en comprend toute la valeur dans ses discours de fin d'année. Il ne se contente pas de blâmes ou de compliments collectifs, empreints d'ailleurs d'une spirituelle bonhomie, à l'adresse de telle division. Les reproches comme les éloges souvent sont individuels autant que publics; certain élève nommé Massot en sut quelque chose en 1848. Bien plus, il y est question d'anciens élèves, nettement désignés par leurs noms, dont quelque action d'éclat ou quelque succès dans la vie sert d'exemple aux élèves présents. On ne sait vraiment, à lire ces discours, s'il s'agit là d'un collège ou d'une vraie famille.

« Il est vrai, peu après, l'accroissement considérable du Collège restreindra forcément, sinon l'autorité morale du directeur, tout au moins son action immédiate sur les élèves. Mais, là encore, l'œuvre de Goubaux se continue en se développant. Grâce à la création d'une heureuse institution dont partout et toujours je ne saurais trop faire l'éloge, sachant tous les services qu'elle a rendus et qu'elle rend encore, le directeur trouve dans chaque division un précieux auxiliaire, un représentant véritable : j'ai nommé le professeur général, aujourd'hui le directeur d'études. L'enfant sent ainsi constamment à ses côtés un éducateur prêt à le guider dans sa vie d'écolier. qui prépare sa vie d'homme.

« Aussi bien, quelle sera, d'après Goubaux, son éducation? Il semble vraiment que le fondateur de Chaptal ait entrevu un système, très particulier surtout à cette époque, d'éducation moderne. Sans doute, nous n'y trouvons ni la précision, ni le sens pratique de son système d'instruction ; c'est en fait d'éducation surtout que l'imagination se laisse aisément emporter au pays des rêves.

« Quoi qu'il en soit, Goubaux semble avoir compris, avec Spencer, que le but de l'éducation consiste avant tout dans une certaine adaptation de l'individu au monde tel qu'il est maintenant. « Si votre enfant était destiné à vivre en esclave, « dit le philosophe anglais, vous ne pourriez trop l'habituer à l'esclavage dans son « enfance ; mais, puisqu'il sera tout à l'heure un homme libre, puisqu'il n'aura plus « personne auprès de lui pour contrôler sa conduite journalière, vous ne pouvez trop « l'accoutumer à se contrôler lui-même, pendant qu'il est encore sous vos yeux. » En un mot, chaque forme de société doit avoir son système d'éducation propre. Il importe dans notre société d'hommes libres que notre éducation serve à former des êtres capables de se gouverner eux-mêmes ; la paix sociale est peut-être à ce prix.

« C'est là, semble-t-il, l'idée entrevue par Goubaux, et partiellement mise en pratique par lui, notamment avec la création d'une sorte de bureau de bienfaisance administré par les élèves eux-mêmes sous sa présidence, et surtout avec l'élection, par chaque division d'élèves, des sergents de cette division et même de ses prix d'excellence. C'est en ces termes d'ailleurs que le palmarès de 1845 annonçait cette dernière innovation : « M. Goubaux donne quelques détails sur une nouvelle amé-« lioration qui tend à faire participer les élèves eux-mêmes à la bonne tenue et à

« la discipline ; dans chaque quartier, les sergents sont élus librement par leurs
« camarades et renouvelés tous les mois. Ces élèves, ainsi choisis par leurs condis-
« ciples, peuvent intervenir dans une foule de petits détails dans lesquels le maître
« compromet sa dignité ou soulève un instinct de résistance ; cette intervention
« servira à développer, chez les enfants qui concourent au bon ordre, des senti-
« ments de valeur personnelle, et sera pour eux comme une initiation aux devoirs
« de la vie sociale... Ce principe d'élection a été également introduit dans le prix
« d'excellence, etc. »

« L'essai, sans doute, ne réussit pas de tout point. L'agitation électorale
nuisit-elle au recueillement scolaire ? Le scrutin, d'ailleurs secret, comme il convient, commit-il, comme il arrive parfois, de fâcheuses erreurs ? Je ne sais. En tout
cas, la suppression des élections fut décidée vers 1861, si je ne me trompe ; le dernier vestige de nos libertés disparut à Chaptal dix ans après le coup d'Etat.

« Mais les réformes de Prosper Goubaux, même celles d'une apparence para-
doxale ou tout au moins d'une exécution quelque peu malaisée, ont eu cette heureuse fortune de toujours laisser quelques traces de leur passage ; et c'est là sans
aucun doute la marque de la valeur intrinsèque de l'idée. Ce système électoral introduit par lui au Collège, nous l'avons repris en effet, seulement dans des limites
plus restreintes : chacune de nos divisions préparant aux grandes écoles a, vous le
savez, son représentant élu, son président ; la réunion de ces représentants, où se
discutent les affaires, grandes et petites, intéressant ces divisions elles-mêmes, a
lieu le lundi de chaque semaine, sous la présidence du préfet général des études ;
et, permettez-moi de dire hautement ici ce que j'en pense : la direction du Collège,
j'allais dire le gouvernement, ne peut que se féliciter du précieux concours que lui
apporte cette réunion périodique des représentants du peuple scolaire.

« N'avais-je pas raison, en vérité, de prétendre que Goubaux a eu comme
l'intuition de l'éducation moderne idéale ?

« Aussi bien, n'allez pas croire que nous voulions en revenir dans tout le
Collège au suffrage universel tel que Goubaux l'avait établi en 1845, trois ans,
comme vous voyez, avant qu'on l'eût octroyé au reste du pays : Chaptal, décidément, va toujours de l'avant. Sans doute, l'éducation vers laquelle il faudrait tendre
peut-être — et cela en dépit d'évidentes difficultés d'application — consisterait,
suivant l'expression du philosophe anglais, « à habituer le jeune homme à la domi-
« nation de soi-même », c'est-à-dire à tâcher d'effacer la transition, ordinairement
brusque et dangereuse de la jeunesse où le gouvernement vient du dehors, à la
maturité où il vient du dedans. Mais Spencer, précisément, complète son idée par
une série de conseils d'une ingéniosité charmante et fort judicieuse tout ensemble,
conseils applicables à chaque période de la vie de l'enfant. Il demande pour l'enfant, « au début, le contrôle autocratique, quand le contrôle est réellement néces-

« saire ; bientôt après, un constitutionnalisme naissant, dans lequel la liberté du
« sujet est sur quelques points reconnue ; ensuite, des extensions successives de
« la liberté du sujet, pour finir par l'abdication royale. »

« C'est là peut-être, en effet, pour les familles et pour les maîtres l'idéal qu'il
conviendrait d'atteindre en fait d'éducation ; par quelle voie et par quels moyens ?
Je ne sais, ou plutôt, sans recourir à aucun procédé spécial, par tous les moyens
et à l'aide de toutes les circonstances favorables qu'offre de toute nécessité la vie
de chaque jour à tout éducateur digne de ce nom. La marche dans cette éducation idéale ne différerait guère en somme de l'idéale évolution des sociétés
humaines : des deux côtés, le despotisme au début ; quelques parcelles de liberté
constitutionnelle ensuite, s'accroissant peu à peu ; enfin, l'absolue liberté à l'âge
de raison .., si du moins cet âge existe dans l'individu et dans l'humanité.

« Quoi qu'il en soit, l'esprit de progrès nettement limité dans son objet, telle
a été, semble-t-il, durant ces cinquante années, la vraie force de Chaptal. Mais
l'esprit de progrès ne produit tout son effet que s'il s'appuie sur la tradition ; on ne
bâtit pas aisément en l'air. Je n'aurais donc garde d'oublier, comme l'une des causes
de notre prospérité, le profond attachement du personnel enseignant au Collège,
attachement qui a maintenu et maintiendra toujours intacte, je l'espère, la tradition
« chaptalienne ».

« Dès le début, Prosper Goubaux, auquel il me faut toujours revenir, en
marquait toute l'importance dans son discours de 1857 : « De jeunes professeurs,
« disait-il, ont été appelés à nous, soit pour combler les lacunes reconnues dans
« l'enseignement, soit pour suffire aux besoins d'une population toujours croissante.
« J'aime à constater ici, ajoutait-il, combien leurs débuts ont répondu à nos espé-
« rances et avec quel zèle heureux ils se sont assimilés à ce corps de professeurs
« dont la plupart datent de la fondation du Collège. » Une fois encore, dans ces
quelques lignes, messieurs, le maître fondateur nous traçait notre devoir, et, ce
faisant, nous indiquait en même temps la route qui conduit au succès.

« Conservons donc précieusement, messieurs, ce que j'appellerais volontiers
notre patriotisme scolaire. On dit fort justement que l'enthousiasme, même poussé
jusqu'au fanatisme, est un merveilleux moteur. Soyons donc fanatiques, s'il le faut,
pour notre Collège ; nos anciens l'étaient quelque peu, si j'en crois les lettres toutes
vibrantes d'émotion de deux des maîtres de la première heure, compagnons de
M. Goubaux, MM. Legand et Dumats, auxquels leur santé ne permet malheureusement pas d'être des nôtres.

« Aussi bien vous n'avez que faire de mes conseils. Parmi vous ne trouvez-
vous pas nombre de collègues qui comptent ici même, n'en soyez pas effrayés,
trente ans de services et plus ? D'autres encore, fort nombreux, ont à peine, depuis
leur enfance, quitté le Collège, y ayant appris naguère ce qu'ils enseignent aujour-

d'hui ; et c'est même là pour Chaptal peut-être une originalité de plus. Eh bien, demandez-leur jusqu'à quel point on a toujours eu, à Chaptal, le culte du drapeau ; demandez-le surtout, personne ne m'en voudra de le citer à tous comme un exemple, demandez-le à celui qui, comme élève, comme maître et comme préfet général des études, a été depuis plus de trente ans l'honneur du Collège Chaptal.

« Qu'on pardonne donc une fois encore à ce patriotisme de rappeler tout au moins les récents succès de Chaptal. Il n'est personne ici, j'en suis bien convaincu, qui ne s'en souvienne ; mais il n'est aucun de nous aussi qui ne soit disposé à faire croire qu'il les a oubliés pour qu'on les lui redise. Je les redirai donc sans me faire prier : dans ces cinq dernières années, les élèves de Chaptal ont tenu huit fois l'un des deux premiers rangs dans les cinq grandes écoles : Saint-Cyr et Navale, Centrale, Polytechnique et Normale. Les jeunes, vous le voyez, monsieur le Président de l'Association, n'ont pas dégénéré ; vous pouvez en informer même leurs aînés devenus membres de l'Institut : MM. Dehérain, le premier des Chaptaliens nommés sur les palmarès du Collège, et Potier-Goubaux, Alexandre Dumas et Jules Claretie, sans oublier Gariel, de l'Académie de médecine. Peut-être, un jour, recevrez-vous même l'un de ces jeunes gens dans quelque société savante d'ingénieurs et de médecins où il vous aura plu d'entrer. Mais, dès maintenant, recevez-les en toute confiance dans cette Association des Anciens Elèves de l'institution Saint-Victor et du Collège Chaptal, fondée quelques années avant sa mort par M. Goubaux, qui y voyait comme le complément de son œuvre.

« Ne croyez pas en effet, messieurs les jeunes qui m'écoutez, que la fin de vos études doive marquer la fin de vos relations avec le Collège. Le successeur de M. Goubaux, le confident de ses idées, le continuateur de son œuvre, dont le Président de l'Association, son ancien élève, va vous parler tout à l'heure, M. Monjean, disait d'elle fort justement : « La vie commune renaît pour vous sous la « forme attrayante de l'Association des Anciens Elèves. C'est le rendez-vous de « tous les souvenirs et aussi de toutes les espérances. Les amitiés ébauchées sur « nos bancs s'y renouent avec une intensité plus grave et plus pénétrante... » Et puis ces relations que vous avez à cœur d'entretenir dans leur ferveur première ne seront pas pour vous seulement un échange de bons offices et de fraternelle assistance, mais aussi une source de bons exemples et comme une tradition d'honneur, de courage et de loyauté qui élève et oblige.

« Telle a été, messieurs, rapidement esquissée dans ses grandes lignes, l'œuvre de Goubaux. M. le Ministre de l'Instruction publique, en acceptant la présidence d'honneur du Cinquantenaire que nous célébrons en partie aujourd'hui, en a voulu ainsi marquer toute l'importance.

« Evidemment, aussi, il a voulu en même temps, en envoyant ici pour le représenter son chef de cabinet, il a voulu rendre à la Ville de Paris l'hommage qui lui est dû. Dans le succès de l'œuvre, la Ville de Paris et le Conseil municipal ont, vous le savez tous, leur bonne et large place. Chaptal est, plus même qu'on ne croit en général, « une création toute parisienne », suivant le mot d'un ancien président du conseil. Il ne s'agit pas uniquement ici des sacrifices devant lesquels la Ville n'a jamais reculé pour mener à bien l'œuvre si heureusement entreprise. Ce qu'il faut faire entrer en ligne de compte, c'est l'aide précieuse constamment apportée à l'administration du Collège par cette délégation du Conseil municipal qui porte le nom de *Conseil de surveillance ;* c'est cette collaboration active et dévouée de conseillers qui croient n'avoir rien fait tant qu'il reste encore quelque chose à faire dans l'intérêt du Collège.

« Je parlais tout à l'heure de notre patriotisme scolaire ; ce sentiment, ils le connaissent comme nous, ils en ressentent autant que nous la puissante impulsion : ils ne sont plus pour nous des conseillers municipaux, ce sont des collègues.

« Je leur demanderai donc de s'associer à nous, messieurs, dans la requête que je compte présenter au Conseil municipal et à M. le Ministre de l'Instruction publique. Cette requête, l'idée première en revient à l'ami dévoué de notre fondateur, à M. Legouvé, dont la lettre, si vous le voulez bien, me servira de conclusion.

« Permettez-moi, m'écrit-il de Villers, en s'excusant de ne pouvoir être des « nôtres aujourd'hui, permettez-moi de mêler de loin ma voix à la vôtre. Je suis le « plus ancien ami de Goubaux ; j'ai été son premier confident, quand lui est venue « la pensée de doter la France d'un enseignement nouveau ; j'ai assisté jour par « jour à tous ses efforts, à tous ses essais, à toutes ses déceptions, à toutes ses « espérances, à toutes ses douleurs, à tous ses sacrifices. et je l'entends encore « me dire un jour, après de longues années de luttes : *Je puis mourir, mon œuvre* « *vivra : la ville de Paris adopte mon Collège.*

« C'est au nom de tous ces souvenirs, monsieur, que j'ose vous prier de « vous associer à moi, pour exprimer aux assistants de ce glorieux Cinquantenaire « un vœu qui, je l'espère, trouvera écho dans tous les cœurs.

« Si touchants et si unanimes que soient les hommages rendus aujourd'hui à « la mémoire de Goubaux, il leur manque quelque chose : ils sont éphémères. Que « restera-t-il dans quelques jours, dans quelques semaines si vous voulez, de cette « cérémonie ? Une date, un vague souvenir qui ira toujours s'affaiblissant. L'homme « qui a rendu à son pays un service durable mérite une récompense qui dure. Je « n'en vois qu'une qui soit égale à ce qu'on lui doit : que le bienfaiteur soit associé « à son bienfait! Que son nom soit inscrit dans son œuvre ! Consacrons cette « journée en nous réunissant tous pour demander aux membres du Conseil muni- « cipal, à M. le Ministre de l'Instruction publique, que le Collège Chaptal s'ap- « pelle désormais *Chaptal-Goubaux.* »

Puis, M. Gariel, président de l'Association amicale des anciens élèves, a pris la parole en ces termes :

« Messieurs,

« Les bienveillants suffrages de mes camarades m'ayant appelé cette année à la présidence de l'Association amicale des Anciens Elèves du Collège Chaptal, ce n'est pas seulement en mon nom et comme ancien élève, c'est aussi au nom de cette Association que je prends la parole.

« Qu'il me soit permis d'abord d'exprimer le regret que ce soit à moi, et non à mon prédécesseur, qu'incombe cette mission ; le terme de la durée de la présidence de M. Alfred Potier n'était pas atteint. et c'est la maladie qui a décidé notre camarade à donner sa démission, maladie qui, de plus, nous prive du plaisir de l'avoir aujourd'hui parmi nous.

« Vous le savez, messieurs, Alfred Potier a été un des élèves les plus distingués du Collège, et la carrière brillante qu'il a parcourue a justifié les espérances qu'il avait fait naître chez ses maîtres, comme chez ses condisciples. A ce titre, nous perdons beaucoup aujourd'hui, car, si j'ai pu lui succéder, je ne puis songer à le remplacer. D'autre part, combien n'eût-il pas été intéressant de voir le petit-fils prendre la parole dans une solennité où l'on glorifie l'œuvre de son grand-père ? Aussi je ne doute pas que mes regrets ne soient partagés par vous tous, et je vous demande la permission d'en adresser l'expression en votre nom à M. Alfred Potier, membre de l'Institut, ancien président de l'Association amicale des Anciens Elèves du Collège Chaptal.

« Messieurs, comme président actuel de cette Association dont l'existence et la prospérité sont intimement liées à l'existence et à la prospérité du Collège, j'ai le devoir de vous en parler; mais je serai bref. Que vous apprendrai-je en effet que vous ne sachiez déjà ? Fondée dans le but d'établir des relations entre les élèves sortis du Collège Chaptal et de venir en aide à ceux que la mauvaise fortune a frappés, notre Association s'efforce de se rendre le plus utile possible et l'on ne saurait trop louer le zèle et le dévouement dont font preuve les membres du Comité chargés de l'administrer. Grâce à eux, grâce à ceux de nos Camarades dont les noms figurent sur nos listes, nous pouvons faire quelque bien. Nous ne pouvons cependant satisfaire, comme nous le voudrions, à toutes les demandes justifiées qui nous sont adressées; le nombre de nos adhérents est faible par rapport au nombre des élèves qui, depuis cinquante ans, ont appartenu à l'Ecole Saint-Victor, au Collège François Iᵉʳ ou au Collège Chaptal. Ce qui n'est pas sans nous donner quelque inquiétude, c'est que ce soient les dernières années qui nous ont donné relativement peu d'adhérents, de telle sorte qu'on pourrait craindre de voir se tarir la source de notre recrutement annuel. La Direction du Collège peut nous aider grandement à surmonter cette difficulté, et je profite de cette occasion solennelle

pour demander à M. le Directeur du Collège Chaptal de faire connaître notre
œuvre aux élèves qui terminent leurs études, puisque nous ne pouvons le faire
nous-mêmes tant que nos jeunes camarades n'ont pas franchi définitivement le
seuil de cet établissement, et que, plus tard, nous ne saurions avoir d'action personnelle sur des jeunes gens à qui nous sommes inconnus. Mieux que personne,
M. le Directeur peut faire comprendre l'intérêt général qui résulterait de nombreuses adhésions, et nous espérons qu'une suite favorable pourra être donnée au
vœu que nous émettons à ce sujet.

« Mais je m'arrête sur ce sujet, car je ne voudrais pas paraître ne voir dans
cette solennité qu'une occasion de mettre en avant l'Association des Anciens
Elèves. C'est en somme le Collège Chaptal dont nous célébrons une date mémo-
rable, c'est de lui qu'il convient surtout de parler. Je pense avoir quelque droit à
le faire, car j'ai appartenu au Collège à des titres divers pendant près de la moitié
de la durée de mon existence, pendant la période où peut-être son développement
a été le plus rapide, le plus intéressant. Entré au Collège en préparatoire en 1851,
j'y ai fait toutes mes études et jusques et y compris la sixième ; puis, à ma sortie
de l'Ecole polytechnique, j'y suis rentré comme *colleur* d'abord, comme professeur
ensuite ; je n'ai cessé d'appartenir au corps enseignant qu'en 1874, vers l'époque
où le Collège s'est installé dans les bâtiments qu'il occupe encore actuellement.
Aussi, quelque brillantes qu'aient été les destinées du Collège depuis cette époque,
malgré moi, le nom de *Chaptal* me rappelle presque exclusivement le Collège de
mon enfance et de ma jeunesse, le Collège de la rue Blanche et de la rue
de Clichy.

« Mais aussi combien mes souvenirs sont nets et vivaces! Je revois encore
avec précision l'installation première, j'allais presque dire primitive, qui peu à peu
s'est modifiée au fur et à mesure que croissait le nombre des élèves et que se manifestait la nécessité d'améliorer les conditions matérielles. Dès les premiers temps
que je passai au Collège, je vis s'accroître le nombre des classes en même temps
que, par exemple, on établissait le préau couvert en tôle ondulée qui nous permit
d'être garantis pendant les récréations soit de la pluie, soit des ardeurs trop vives
du soleil.

« Puis vint un moment où l'on reconnut l'impossibilité de recevoir de nouveaux contingents d'élèves dans les anciens bâtiments qui restèrent affectés au
Grand Collège, alors qu'on installait le Petit Collège, avec quelque luxe, trouvions-
nous, dans des maisons situées rue Blanche, un peu au-dessus de l'entrée principale, et qui communiquaient avec les anciens bâtiments par un passage traversant
le pavillon de la Direction.

« Ces agrandissements devinrent insuffisants à leur tour ; les bâtiments primitifs, qui constituaient pour ainsi dire le noyau du Collège, servirent d'asile au
Moyen Collège, tandis que le Grand Collège, la cinquième et la sixième année,

s'installait dans l'hôtel voisin, donnant sur la rue de Clichy. Le jardin de l'hôtel, et ce n'était pas là la moindre amélioration, avait été conservé sans autre modification que l'élargissement des allées et remplaçait avantageusement pour nous l'aride cour de récréation. Quels charmes avait pour nous ce jardin dont nous respections avec un soin jaloux les fleurs, le bassin avec son jet d'eau, la volière! La salle à manger avait été conservée également avec ses murs ornés de peintures dans le style des décorations des maisons de Pompéi; elle servait de bibliothèque, et je croirais volontiers que son aspect agréable était pour quelque chose dans l'assiduité dont faisaient preuve un grand nombre d'élèves.

« Et ce n'était pas seulement au point de vue matériel que les conditions avaient été changées : on avait renoncé à l'application d'une discipline trop rigide, et nous jouissions de quelque liberté, liberté relative, bien entendu, et qui avait été limitée pour ne porter en rien préjudice à nos études, mais dont nous sentions cependant tout le prix.

« Tout cela a disparu, la pioche a détruit tout ce qui était le Collège Chaptal : sur son emplacement se sont élevées ces somptueuses constructions ayant une destination tout autre que celle de former la jeunesse, tandis que le Collège s'installait, non plus comme autrefois. dans des bâtiments quelconques tant bien que mal aménagés, mais dans un édifice conçu et exécuté spécialement en vue de l'usage auquel il était destiné. Comme je l'ai dit, mes souvenirs s'arrêtent à ce transfert ; c'est à peine si j'ai parcouru les bâtiments actuels et j'ai quelque peine à me représenter le Collège autrement qu'il était autrefois. Encore maintenant, quand je passe rue Blanche ou rue de Clichy, mes yeux cherchent l'entrée de mon vieux Collège, et je reste quelque surpris de voir à sa place le Pôle Nord, le Casino de Paris et le Nouveau Théâtre.

« Je m'en voudrais, messieurs, de ne rappeler ici que le côté matériel de notre existence de collégien et je ne puis résister au désir de parler des hommes que j'ai connus alors. Je laisserai de côté, pour n'être pas trop personnel, les amitiés solides, à toute épreuve, que j'ai contractées et qui, depuis, ne se sont jamais démenties. Mais je dois rappeler au moins brièvement le souvenir de nos maîtres, de nos professeurs, dont j'ai compris plus tard, mieux que je ne pouvais le faire à cette époque, la valeur et le dévouement. Tous ont fait preuve pour moi, d'ailleurs, d'une grande bienveillance, sauf un qui, fantasque et bizarre, déroutait ma bonne volonté et mon désir de bien faire ; mais passons sur cette exception que reconnaîtront certainement mes condisciples de troisième année. Je regrette de ne pouvoir faire l'énumération complète de tous ces maîtres dont je conserve le souvenir absolument, depuis mon professeur de préparatoire, Ménard, dont j'admirais particulièrement non moins la belle écriture que l'agréable voix de ténor, jusqu'à Amiot, dont le cours de mathématiques spéciales était remarquable. Parmi ceux que la mort n'a pas frappés prématurément, quelquefois j'en ai retrouvé un bon nombre avec plaisir lorsque, à mon tour, je suis venu professer à Chaptal. Il en est aussi avec lesquels les circonstances m'ont permis d'entretenir des relations dont je m'honore et, parmi ceux-ci, je citerai de Comberousse et Dehérain, qui, anciens élèves du Collège, y sont revenus comme professeurs avant d'atteindre la haute situation à laquelle ils sont justement parvenus. A ces noms, je tiens à joindre tout particulièrement celui d'un maître que je suis heureux de voir ici et pour-qui j'ai conservé une respectueuse affection, comme d'ailleurs tous ceux qui ont pu le connaître et l'apprécier. J'ai nommé M. Normand, dont l'enseignement avait une réelle importance par la manière élevée dont il l'avait compris, en introduisant dans l'éducation, plutôt militaire que nous recevions, un élément artistique bien propre à développer l'intelligence en lui faisant saisir le beau dans une de ses manifestations les plus intéressantes; aussi je suis heureux d'adresser à M. Normand mes remerciements bien sincères, et je suis persuadé que tous ses anciens élèves partagent les sentiments que je viens d'exprimer.

« Il est encore un nom que je ne puis omettre, car il se rattache intimement à l'histoire du Collège Chaptal : c'est celui de M. Monjean, qui, élève de la pension Saint-Victor à sa fondation, est devenu le dévoué collaborateur de Goubaux, puis son successeur.

« M. Monjean était préfet des études lorsque je suis entré au Collège ; c'était lui qui, pour les élèves, représentait la direction, l'autorité. M. Goubaux était peu connu de nous, et nous ne le voyions que dans des circonstances exceptionnelles, ce qui donnait d'autant plus d'importance à son action, à ses paroles. Il avait à assurer la marche et le développement régulier de l'œuvre qu'il avait créée, ce qui explique que nous restions quelque peu en dehors du cercle de son action directe ; il pouvait d'ailleurs se reposer sur M. Monjean, qu'il avait apprécié, du soin d'assurer l'ordre et le fonctionnement régulier du Collège. J'ai, personnellement, une profonde reconnaissance pour M. Monjean qui, en diverses circonstances, m'a témoigné une affectueuse bienveillance ; mais je ne crois pas être entraîné seulement par ce sentiment en disant qu'il possédait au plus haut degré les qualités nécessaires pour guider les enfants et les jeunes gens.

« Je ne puis parler avec quelque certitude que du rôle que remplissait si bien M. Monjean comme préfet des études ; mais, sans pouvoir l'affirmer, je suis porté à penser que son action ne se bornait pas là, et je croirais volontiers que, pour les questions relatives au développement du Collège, il prêtait à M. Goubaux un concours éclairé. La manière habile dont il a rempli les fonctions de directeur lorsqu'elles lui ont été confiées permet de supposer qu'il y était préparé par une expérience déjà longue du côté pratique des questions multiples qui se présentent à chaque instant dans le fonctionnement régulier et le développement d'une institution importante comme l'était déjà le Collège Chaptal. On peut dire certainement que, pendant les longues années durant lesquelles il s'est consacré au Collège, il a été un agent efficace des progrès qui ont été accomplis. Aussi m'a-t-il paru que c'était justice de rappeler ce nom aujourd'hui, et je vous propose, messieurs, d'adresser à M. Monjean, dont nous regrettons l'absence, l'expression d'un sympathique souvenir.

« Lorsque l'âge vient, messieurs, on aime à rappeler les souvenirs de jeunesse, on s'y complaît et quelquefois même on s'y arrête plus qu'il ne serait nécessaire. Je crains de tomber aujourd'hui dans ce travers, et vous trouvez sans doute que j'insiste trop longuement sur ces histoires du temps passé, qui ont surtout de l'attrait pour celui qui les raconte. Veuillez voir, dans le développement que j'ai donné à cette allocution que j'aurais dû abréger, outre la preuve du plaisir que j'ai à parler d'une époque dont j'ai conservé un excellent souvenir, une manifestation de l'intérêt que je porte au Collège Chaptal. Excusez-moi donc de vous avoir retenus si longtemps et permettez-moi de vous proposer de boire ensemble à la continuation de la prospérité du Collège Chaptal.

Après M. Gariel, M. Clairin, dans une chaleureuse improvisation, a rappelé les services rendus par le personnel de Chaptal à l'enseignement municipal et, de concert avec le directeur qui venait de louer comme il convient son dévoué collaborateur, a particulièrement attiré l'attention du représentant de M. le ministre de l'instruction publique sur M. Boucher, préfet général des études du Collège (1).

Enfin, M. Seignouret, après avoir exprimé les regrets de M. le ministre de l'instruction publique de n'avoir pu présider cette fête, a charmé l'auditoire par une délicieuse causerie, et les applaudissements répétés qui l'ont accueillie ont redoublé d'intensité lorsqu'il a remis, au nom de M. le ministre de l'instruction publique, les distinctions honorifiques suivantes :

Officiers de l'instruction publique :

MM. WEILL, professeur de mathématiques spéciales.
CARLES, professeur, directeur d'études.
MASSE, économe.
NOEL, professeur de dessin d'art, en retraite.

Officiers d'Académie :

MM. CAMMARTIN, professeur de langue anglaise.
PROTAT, préparateur chef des travaux chimiques.
BOILLEY, répétiteur.
BERR, sociétaire de la Comédie française (séances littéraires données au Collège).

(1) Quelques jours après, M. Boucher était nommé chevalier de la Légion d'honneur.

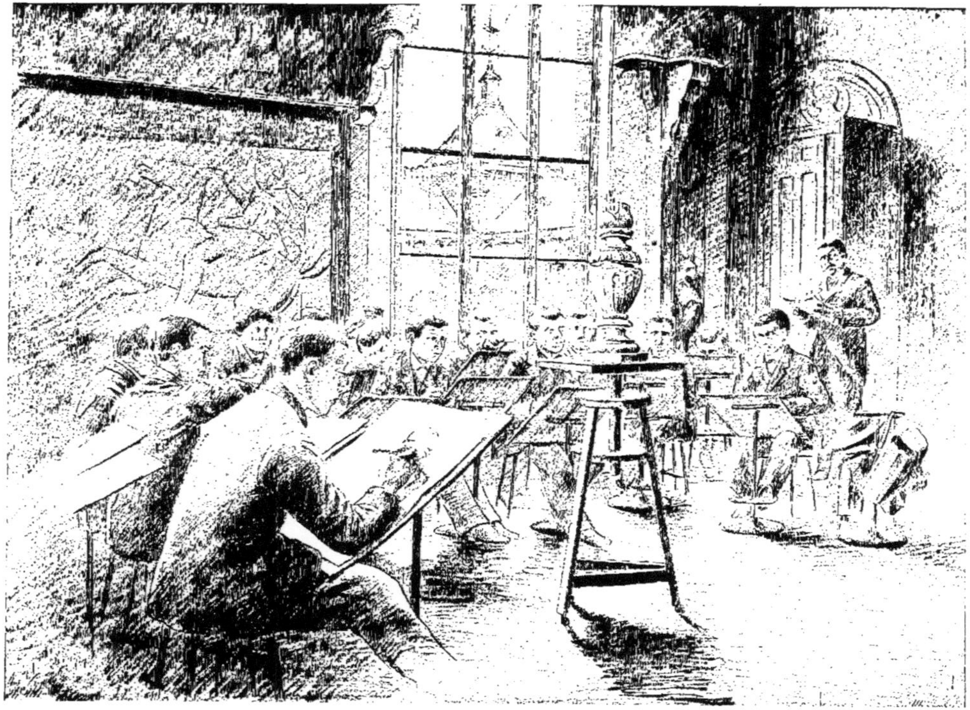

CHÊNE & LONGUET. Imp.

A l'issue du banquet, M. Melchissédec, de l'Opéra, a enthousiasmé l'auditoire en chantant le grand air du *Caïd*, les couplets du porter de *Martha, les Deux Grenadiers* de Schumann, et *l'Invocation* de Bérardi.

Puis, M. Paul Veyret, ancien élève du Collège, pensionnaire de la Comédie française, s'est fait vivement applaudir en disant deux poésies de M. Émile Hinzelin, professeur de littérature au Collège : *Au Collège Chaptal* et *Ode à la jeunesse*, et *Nu,* monologue par M. Berr.

AU COLLÈGE CHAPTAL

Au moindre mot, devant nos yeux,
Avec ses briques et ses marbres,
Avec ses profils gracieux,
Ses cours, ses portiques, ses arbres,
O mes camarades d'hier,
Notre beau Chaptal se dessine
Et chacun de nous est très fier,
Qu'un tel souvenir s'enracine !

Le collège n'est plus la prison d'autrefois
Où les savants, prenant les cœurs entre leurs doigts,
Tâchaient de les sécher aux pages d'un gros livre.
C'est l'asile éclairé, bienveillant, cordial,
Où l'esprit frémissant, avide d'idéal,
Mais chargé d'ignorance et d'erreur se délivre.

Le livre n'est plus l'ennemi,
C'est le guide exquis, le doux maître.
Il est vivant, il a frémi
Sous le regard qui le pénètre !
Et la science, en sa beauté,
Devient tout à coup, pour notre âme,
Une forte réalité,
Un long et magnifique drame.

Nous avons entendu, sur nos bancs de bois noir,
Chanter la poésie à nos cœurs pleins d'espoir.
On nous disait : « Voici la beauté. » Parfois même
On nous laissait juger, et c'était mieux encor.
Aussi conservons-nous des vers, comme un trésor,
Où toute humanité se glorifie et s'aime.

Puis, c'était la lutte entre nous,
Puisque déjà c'était la vie !
Mais tous les efforts étaient doux :
Pas d'injustice ni d'envie.
Le souvenir est éternel
D'une lutte où l'on s'accoutume
De voir un juge paternel
Et des rivaux sans amertume.

Mais le Collège, en son ardeur, c'était surtout
La France ! Un seul appel, et nous étions debout !
A d'autres la prudence avec ses lenteurs vaines !
Le moins semblable aux morts meurt le plus volontiers,
Nous étions au pays, nous tous et tout entiers ;
Tout notre sang s'offrait du profond de nos veines.

O drapeau, symbole si pur
De dévouement et de tendresse,
Qui promenais sur notre mur
Ton ombre comme une caresse,
Comme on rêvait de t'arracher,
Pendant une nuit, la plus belle,
Pour aller là-bas t'attacher,
Drapeau français, où l'on t'appelle !

Et comme on les aimait, les noms redits tout bas
De nos frères qui sont partis pour les combats
Quand la mort vers Paris s'étendait en rafale,
Car leur sort fut si tôt tranché, mais si rempli,
Car, après un baiser sur leur beau front pâli,
La gloire a mis sur eux sa pourpre triomphale.

Et nous, on nous verra courir,
Quel que soit le champ de bataille ;
Partout où l'on peut bien mourir,
Comme partout où l'on travaille ;
Mais, dans le trouble universel,
Gardant avec philosophie
La gaîté gauloise, ce sel
Qui préserve et qui fortifie.

Ainsi chacun de nous poursuit d'un pas pressé
Le chemin de science ou d'art qu'il s'est tracé,
Car il faut, ô Chaptal, que, grâce à la jeunesse,
A ses cœurs toujours hauts, à ses bras toujours prêts,
La France s'appelant la Fille du Progrès,
La Fille du Progrès garde son droit d'aînesse.

Émile Hinzelin.

ODE A LA JEUNESSE

I

O jeunesse, je te salue,
C'est toi l'espérance absolue,
C'est toi le délice éternel
Paré de peines éphémères :
Tu bois le lait pur des chimères,
L'amour est pour toi maternel,
Et tu trouves, dans tes nuits blanches,
Des astres qui cachent le ciel,
Des fleurs qui font craquer les branches.

Et jusqu'à l'heure où l'aurore aux doigts blancs
Soulève au loin l'ourlet brun de ses voiles,
Marche à pas lents, à pas très lents,
Sous la grande paix des étoiles.

II

Tu peux, si vaillante au départ,
Choisir dans la science et l'art
Quelque tâche douce ou superbe :
C'est l'asile et le réconfort !
Qu'importe la rigueur du sort !
Qu'importe le poids de la gerbe !
Devoir rempli : cœur consolé !·
Le printemps tient dans un brin d'herbe,
L'automne dans un grain de blé.

Autour de toi toute vérité germe
Et monte droit vers la pure clarté.
Marche d'un pas toujours plus ferme
Vers la justice et la beauté.

III

L'avenir pour qui l'on t'élève
Est plus noble encor que ton rêve.
Aussi nous admirons tes yeux,
Car ils verront de grandes choses.
Toutes les portes longtemps closes
S'ouvriront aux audacieux :
Plus généreuse et plus savante
Grandira, sous les libres cieux,
Une humanité triomphante.

Et dans ce temps de progrès infinis,
De dévouement, de haute délivrance,
Bénis en notre nom, bénis
La sainte grandeur de la France.

Émile HINZELIN.

Pendant le déjeuner, la musique du 28ᵉ de ligne a exécuté les plus brillants morceaux de son répertoire.

BANQUET DU 20 OCTOBRE 1894

Le 20 octobre, le personnel du Collège offrait à M. Boucher, préfet général des études, à l'occasion de sa nomination au grade de chevalier de la Légion d'honneur, un banquet au Palmarium du Jardin d'acclimatation.

M. Coutant, directeur du Collège, présidait ce banquet, assisté de MM. Seignouret, chef du cabinet de M. le ministre de l'instruction publique; Letort, chef adjoint; Leroux, inspecteur des services administratifs des Écoles supérieures de la ville de Paris, et Duret, chef du personnel de la direction de l'enseignement primaire.

Au dessert, M. Coutant, en des paroles chaleureusement accueillies, a rappelé les services rendus par M. Boucher au Collège Chaptal, services qui lui ont valu la haute distinction dont il a été l'objet.

M. BOUCHER, très ému, a prononcé ensuite le discours suivant :

« MESSIEURS ET CHERS COLLÈGUES,

« Au moment de prendre la parole pour remplir le plus agréable, mais aussi le plus difficile de tous les devoirs, je me sens pris d'une invincible émotion qui ne contribuera pas à affermir ma voix encore mal assurée.

« Pour la seconde fois en moins de trois mois, une véritable fête de famille réunit à la même table les membres du personnel du Collège Chaptal. Je vous suis, mes chers collègues, profondément reconnaissant du grand honneur dont je suis aujourd'hui l'objet, honneur dont je sens tout le prix et qui me crée pour l'avenir de nouvelles et sérieuses obligations. Profitant de l'occasion, probablement unique, qui m'est offerte ce soir, j'userai du droit de parole que vous m'avez concédé pour célébrer avec vous notre esprit de famille, cet esprit particulier à Chaptal, dont j'ai pu, mieux que personne, apprécier les bienfaits dans le cours de ma déjà longue carrière.

« Dans les tristesses, qui ne m'ont pas été épargnées pendant ces dernières années, ne m'avez-vous pas, en effet, donné les preuves les plus touchantes de cet esprit familial et de cette affectueuse sollicitude qui réconforte l'âme défaillante et relève le courage abattu :

« Lorsque, dans des temps plus récents, un rayon de soleil est venu éclairer l'horizon bien assombri de ma vie, quand des jours plus heureux ont succédé aux jours de deuil et de souffrance, je vous ai trouvés là, toujours les premiers, pour vous réjouir avec moi, et les témoignages d'estime et de vive affection que vous m'avez prodigués ont décuplé la valeur de la récompense qu'une Administration trop bienveillante accordait à mon faible mérite.

« Ce jour-là, je puis l'affirmer dans toute la sincérité de ma conscience, j'ai senti que ce n'était pas seulement sur la poitrine de votre préfet général des études que notre cher directeur attachait la croix de la Légion d'honneur, mais que c'était aussi, et pour la seconde fois (1), sur le drapeau glorieux de notre cher Collège. Il était bien juste qu'après avoir été si longtemps à la peine, il fût enfin à l'honneur.

« Cet esprit de famille, que certains appellent esprit de corps, peu importe le nom, mais qu'on ne peut incriminer ni nous imputer à mal, car il ne s'exerce que pour l'honneur et pour le plus grand bien de Chaptal et se concilie parfaitement avec le respect et l'affection que nous portons à nos chefs hiérarchiques, cet esprit de famille, mes chers collègues, conservons-le religieusement comme un legs précieux de ces maîtres vénérés, nos prédécesseurs, qui nous ont donné l'exemple d'une union si parfaite ; cultivons-le comme une force qui nous soutiendra dans les rudes épreuves de l'existence et qui, dans les jours d'allégresse, nous rendra plus intenses la joie et « le bonheur de vivre ».

« Aujourd'hui, la grande famille de Chaptal est heureusement privilégiée ; elle a cette bonne fortune de voir à sa tête deux chefs aimés rivalisant, d'un commun accord, à resserrer les liens de confraternité qui unissent déjà tous ses membres. Qu'ils me pardonnent tous deux de faire un instant violence à leur modestie, mais c'est un devoir pour moi, pour nous, mes chers collègues, de rendre à chacun d'eux le juste tribut d'hommages et d'affection auquel ils ont droit. Oui, mon cher directeur, à Chaptal comme à Say, vous avez su résoudre le difficile problème de fonder l'autorité sur la sympathie et de vous faire obéir en vous faisant aimer, et si notre cher Collège a traversé victorieusement la période critique de la transformation de ses programmes et de ses règlements, il le doit, disons-le hautement, au dévouement et à l'ardeur que vous avez puisés dans la confiance et dans l'affection de vos administrés.

« J'éprouve maintenant, mes chers collègues, un sérieux embarras à parler, comme il convient, de celui qui, depuis deux ans, s'est montré l'avocat si plein d'ardeur de la défense de nos intérêts, car son extrême bienveillance à mon égard est notoirement connue, et je pourrais craindre qu'on ne vît dans mes paroles qu'un échange banal de bons procédés. Loin de moi, néanmoins, ce vulgaire scrupule ; car, j'en ai la conviction, vous seriez les premiers, si je me taisais, à m'adresser le

(1) M. Coutant, directeur du Collège Chaptal, avait été nommé chevalier de la Légion deux ans auparavant, le 14 juillet 1892.

reproche de passer sous silence les grandes qualités de cœur du très aimé président de notre Conseil d'administration.

« J'en appelle à mon excellent ami Gally, le vaillant secrétaire de la direction ; il vous dira, comme moi, avec quelle sollicitude M. le conseiller Clairin, alors délégué cantonal, suivait les travaux et les progrès de ses enfants des Batignolles, comme il savait nous intéresser à leur cause et vaincre par sa persévérance des obstacles qui eussent rebuté une volonté moins énergique que la sienne. Si nombre de vos enfants, comme vous les appeliez, monsieur le président, ont brillamment réussi dans leurs examens et occupent aujourd'hui de hautes situations sociales, ils n'ont pas oublié qu'ils le doivent surtout à l'appui moral que vous leur avez prêté. Aujourd'hui, le cercle de votre famille s'est singulièrement agrandi ; il embrasse à la fois les maîtres et les élèves, et tous sont heureux de vous assurer par ma voix de leurs sentiments de respect et de très affectueuse sympathie.

« Et maintenant, mes chers collègues, pardonnez-moi de vous avoir retenus trop longtemps sur un sujet qui m'est particulièrement agréable et permettez-moi comme conclusion de mes paroles de porter un toast auquel vous vous associerez certainement de toute votre âme :

« A la mémoire de nos maîtres et collègues vénérés, de ces hommes pleins de cœur et d'abnégation, qui, ouvriers de la première heure, ont posé d'une manière inébranlable les premiers fondements du Chaptal moderne !

« A l'union sympathique et familiale de tous les membres du Collège réunis aujourd'hui dans une pensée commune de confraternité et qui consacrent par leur science et par leur dévouement les traditions de leurs vaillants prédécesseurs !

« Au glorieux drapeau et à la prospérité de notre cher et bien-aimé Collège ! »

Après ce discours, accueilli par de longs applaudissements, des allocutions ont été prononcées par MM. Seignouret, Clairin, Gally, Abraham, Poussin, élève à l'Ecole polytechnique ; Guillon, élève à l'Ecole de Saint-Cyr.

A l'issue du banquet, un magnifique objet d'art a été offert à M. Boucher par le personnel du Collège, ainsi que deux croix de la Légion d'honneur ; l'une au nom des élèves présents au Collège et l'autre au nom des élèves sortis du Collège en 1891, 1892, 1893 et 1894 pour entrer à l'Ecole polytechnique.

FÊTE DU 8 NOVEMBRE 1894

La matinée qui devait être offerte au personnel du Collège, aux élèves, aux anciens élèves et aux autorités municipales et administratives le 25 juillet, ayant dû être ajournée en raison de la mort de M. le président Carnot, a eu lieu le 8 novembre, à deux heures de l'après-midi, dans le grand amphithéâtre de la Sorbonne mis gracieusement à la disposition du Collège par M. Gréard, vice-recteur de l'Académie de Paris.

Le même soir, à sept heures, au restaurant Marguery, un banquet était offert par la municipalité aux artistes, à l'administration du Collège, aux membres du Comité du cinquantenaire, au bureau du Comité de l'Association amicale des anciens élèves, à diverses personnalités de l'Administration supérieure et à la presse.

On ne saurait mieux résumer l'impression de cette fête qu'en insérant ici le compte rendu qu'en a publié *le Radical* du 11 novembre 1894 :

« Au mois d'août dernier, le Collège Chaptal devait célébrer le cinquantième anniversaire de sa fondation. Le deuil dans lequel l'assassinat du président Carnot plongea la France entière fit remettre cette cérémonie, et c'est avant-hier jeudi qu'ont été fêtées les noces d'or de ce Collège municipal de la ville de Paris.

« Chaptal fut, à son origine, une modeste institution, qui, sous la direction de M. Goubaux, était intitulée *Pension Saint-Victor*. Elle conquit une telle notoriété qu'en 1844 l'administration de la ville de Paris, consciente des services rendus par M. Goubaux, adoptait le programme de sa maison d'éducation qu'elle érigeait en établissement municipal sous le titre d'*École de François Ier*. Quatre ans après fut définitivement substitué à ce nom celui de *Collège Chaptal*.

« Pour avoir été retardée, la fête de Chaptal n'en a été que plus brillante.

« La matinée, organisée dans le grand amphithéâtre de la Sorbonne, avait pour auditoire une foule considérable; car, à la sympathie générale que mérite et qu'a su gagner Chaptal, se joignait l'attrait d'une représentation artistique exceptionnelle.

« Les spectatrices étaient accueillies de la façon la plus gracieuse par les commissaires, qui, sous la direction de M. Léon Ricquier, du théâtre du Vaudeville,

À mon Directeur.
Hommage de respectueuse sympathie
V. Lorant 9bre 94
(Inauguration du Collège —
Matinée de la Sorbonne (esquisse)

l'organisateur des récréations classiques du Collège, leur offraient des fleurs, dont elles ornaient leurs élégantes toilettes.

« Chose rare, le programme a tenu ses promesses : Mlle Loventz, MM. Melchissédec et Paul Viardot, de l'Opéra ; Mmes Reichemberg, Amel ; MM. Silvain, Georges Berr, Paul Veyret, de la Comédie française : Mlle Jane Harding, de l'Opéra-Comique ; Mlle Marguerite Gay, du Théâtre-Lyrique ; M. Duard, de l'Odéon ; M. Guitry, de la Renaissance ; Mlle Long, une virtuose du piano, et M. Léon Bourgeois, l'accompagnateur sans rival, ont recueilli les applaudissements et les rappels d'un public composé de connaisseurs qui savaient apprécier les faces multiples du talent de ces artistes dont la réputation n'est plus à faire.

« Le soir, un banquet réunissait, chez Marguery, artistes et intimes du Collège.

« Aux noms qui viennent d'être cités, ajoutons ceux des autres convives : MM. Clairin, conseiller municipal, président du Conseil d'administration de Chaptal ; E. Coutant, directeur du collège ; Boucher, préfet général des études ; Carriot, directeur de l'enseignement primaire de la Seine ; Leroux, directeur des affaires départementales ; Letort, chef adjoint du cabinet de M. le ministre de l'instruction publique ; Leroux, inspecteur administratif des Ecoles supérieures ; Duret, chef du personnel de la direction de l'enseignement ; Périer, président du Comité de l'Association amicale des anciens élèves ; Hinzelin, Lesesne, Veyret, Vinot, Weill, Loudet, Carles, Cammartin, Milot, Nel, professeurs du Collège ; Gally, secrétaire de la direction et l'organisateur habile de ces fêtes si réussies, enfin nos confrères Ad. Aderer, Blondeau, Mainard, Théodore Henry, Michel Hirsch, Delamarre, etc., etc.

« On était en famille, aussi n'y a-t-il point eu de discours, seulement quelques toasts amicaux : M. Coutant a prononcé de courtes paroles empreintes d'une véritable éloquence et de l'esprit le plus fin, et n'a pas voulu qu'on ignorât à qui était due, pour une grande part, la brillante réussite de ces fêtes, et il a remercié M. Gally, le dévoué secrétaire de la direction. On s'est associé bruyamment à cet éloge mérité. Puis MM. Le Roux, Clairin, Veyret, Melchissédec, Blondeau, Gally, ont levé leur verre en l'honneur des artistes et à la prospérité toujours grandissante de Chaptal.

« Une fois encore, et malgré les fatigues de la journée, les artistes présents — seuls, ceux que leur service aux théâtres dont ils dépendent retenait n'étaient pas là — ont été mis à contribution. Ils s'y sont prêtés de la meilleure grâce du monde, et des bravos répétés, des bans prolongés, ont montré à Mmes Loventz, Harding, Gay et Long, à MM. Hinzelin, l'auteur et l'interprète d'une exquise poésie, Melchissédec et Bourgeois, comme on leur savait gré de leur obligeance, comme on appréciait leur valeur.

« Un dernier verre de champagne, et tous les *labadens*, heureux de s'être retrouvés, se séparaient en se donnant rendez-vous — avec, pour la plupart, la certitude de n'y point pouvoir venir — au prochain Cinquantenaire.

« D'ici là, nous aurons, heureusement, l'occasion de reparler de Chaptal, quand ce ne serait que pour signaler ses succès au concours général et pour annoncer l'imminente publication de son *Livre d'Or,* dont l'apparition est impatiemment attendue. »

PROGRAMME

DE LA MATINÉE DONNÉE LE 8 NOVEMBRE 1894

DANS LE GRAND AMPHITHÉÂTRE DE LA SORBONNE

à l'occasion du Cinquantenaire du Collège Chaptal

AVEC LE GRACIEUX CONCOURS DE

Mesdames LOVENTZ, de l'Opéra

REICHENBERG, AMEL, de la Comédie française

JANE HARDING, de l'Opéra-Comique; MARGUERITE GAY, du Théâtre-Lyrique

MARGUERITE LONG

Messieurs MELCHISSÉDEC, VIARDOT, de l'Opéra

SILVAIN, GEORGES BERR, PAUL VEYRET, de la Comédie française

GUITRY, du théâtre de la Renaissance; DUARD, du théâtre de l'Odéon.

Mlle LOVENTZ........	Air des bijoux de **Faust**................	GOUNOD.
Mme REICHENBERG..	Lucie.........	ALFRED DE MUSSET.
	(Musique de scène de Pierre TRAUT).	
	Le Sonnet............................	D'ARVERS.
	(Musique de scène de Pierre TRAUT.	
Mme AMEL...........	Vieilles chansons. { Fanfan la Tulipe	X....
	{ Le Mari normand...	X....
Mlle Jane HARDING..	Phryné.............................	SAINT-SAENS.
	Il Baccio...........................	ARDITI.
Mlle Marguerite GAY.	Le Tribut de Zamora..................	GOUNOD.
	Sérénade...........................	GOUNOD.
Mlle LONG...........	Rapsodie....	LISTZ.
	Poèmes sylvestres	DUBOIS.
M. MELCHISSÉDEC..	Grand air du Caïd.....................	AMBROISE THOMAS.
	Les Deux Grenadiers (Schumann).......	DURDILLY.
M. VIARDOT.........	Légende........	WIANEWSKI.
	Mazurka	WIANEWSKI.
M. SILVAIN.........	Le Sabotier...........................	FRANÇOIS FABIE.
	La Chanson du pays	CHARLES FRÉMINE.
M. BERR...........	Le Lion et le Rat.....................	CLÉMENT MAROT.
	Nu (monologue)....	BERR.
M. Paul VEYRET	Au Collège Chaptal..............	HINZELIN.
	Ode au Drapeau......................	BILLARD.
M. GUITRY..........	La Bénédiction....	FRANÇOIS COPPÉE.
M. DUARD........ ..	Ode à la Jeunesse....................	HINZELIN.

Accompagnateur : M. Léon BOURGEOIS, de l'Opéra-Comique.

EXODE

Les deux proscrits, pensifs, s'en vont baissant la tête.
Devant eux, c'est la nuit, le danger, la tempête,
La poussière, la faim, les regards outrageants :
C'est l'inconnu, toujours cruel aux pauvres gens !
Ils échangent entre eux un silence farouche.
Le soleil pâlissant se dérobe et se couche,
Chacun de ses rayons, derrière les maudits,
Semble une épée en feu qui ferme un paradis.

Prends courage, pourtant ! si le fardeau te pèse,
Pauvre homme, n'as-tu pas, sur la route mauvaise,
Une compagne, aux bras vaillants, au cœur ami ?
L'exil souffert à deux n'est exil qu'à demi.
Elle porte son fils déjà grand et robuste :
Songe à faire bientôt, de cet enfant, un juste,
Fidèle à son travail, doux et persévérant,
Pour que ton âme en lui s'épure en s'éclairant.
Relève-la cette âme, aujourd'hui si meurtrie,
Car un exil à trois c'est encor la patrie.

Émile Hinzelin.

CINQUIÈME PARTIE

RAPPORT

AU CONSEIL MUNICIPAL DE PARIS

RAPPORT

AU CONSEIL MUNICIPAL DE PARIS

Présenté par M. E. Clairin, *au nom de la quatrième sous-commission* (1) *du
budget et du contrôle, sur les recettes et les dépenses du Collège Chaptal*
(Projet de budget pour 1895 : Recettes, chap. XXIII, art. 2. — Dépenses,
chap. XIX, art. 38, 39, 40).

Messieurs,

Le Collège Chaptal a accompli, cette année, le cinquantième anniversaire de
sa fondation. Il a semblé à votre quatrième sous-commission qu'il était de son
devoir de vous présenter un rapport succinct sur l'ensemble de cette institution, au
moment où vous allez examiner son budget de 1895. Vous pourrez ainsi vous rendre
compte de son mécanisme intérieur, si original et si bien approprié aux besoins
de notre temps, et aussi des progrès qu'elle n'a cessé d'accomplir.

Ne voulant pas abuser de vos instants et désirant nous montrer aussi bref que
possible, nous commencerons par vous mettre sous les yeux le tableau des résultats
scolaires en 1894, d'où nous déduirons notre argumentation.

Ce tableau vous démontre que, par sa seule organisation, le Collège Chaptal
peut préparer les jeunes gens à douze carrières différentes. Si les résultats en ce
qui concerne l'Ecole Saint-Cyr, l'Ecole d'Alfort, l'Ecole coloniale et l'Institut agronomique sont minimes, c'est que les préparations à l'entrée dans ces trois établissements sont de création toute récente et que les familles ne sont pas encore habi-
tuées à les considérer comme des carrières ouvertes à leurs enfants. En les
mentionnant, nous avons voulu simplement vous faire remarquer qu'il avait été
possible à la direction par l'organisation de ses classes d'ouvrir de nouveaux débou-
chés à ses élèves sans demander de crédits spéciaux.

C'est qu'en effet le Collège Chaptal est resté attaché à l'idée qui a présidé à
sa fondation, lorsque l'institution Saint-Victor, dirigée par Prosper Goubaux, s'est

(1) La quatrième sous-commission (*Enseignement — Beaux-arts*) est composée de MM. Le-
vraud, *président;* Hattat, *vice-président;* Delhomme, *secrétaire;* Pierre Baudin, Bellan, Blondeau, Blondel, Clairin, Daguilhon-Pujol, Lampué, Marsoulan, Alfred Moreau, Picau, Pipe-
raud, Vorbe, Weber.

changée en Ecole municipale François Ier (1844) pour prendre enfin le nom de *Chaptal* (1849). Car cette idée était essentiellement dictée par un esprit de progrès continu.

RÉSULTATS SCOLAIRES 1894.

DÉSIGNATION.	PRÉSENTÉS.	ADMISSIBLES.	ADMIS.	OBSERVATIONS.
Ecole normale supérieure..	6	3	1	Reçu le 2e.
Ecole polytechnique...............	43	24	11	Dont 5 dans les 100 premiers.
Ecole centrale.....................	17	6	6	Dont le 1er et le 3e.
Ecole Saint-Cyr...................	7	3	1	
Ecole des mines	2	1	1	Reçu le 1er.
Ecole des Ponts et chaussées........	1	1	1	
Institut agronomique......	2	1	1	
Ecole de physique et de chimie.......	7	4	4	
Ecole normale d'instituteurs...... ...	3	2	2	
Ecole coloniale......	1	1	1	
Ecole des hautes études commerciales.	8	6	6	
Ecole d'Alfort...	1	1	1	
Baccalauréat ès-sciences.............	79	50	48	
— enseignement spécial...	21	13	12	
— ès-lettres	1	1	1	
Baccalauréat moderne (1re partie) ..	53	25	22	
— — (2e partie)....	4	4	4	
Brevet supérieur.......	3	3	3	
TOTAUX.........	269	149	126	

Goubaux, en effet, avait été frappé du désaccord qui existait entre l'enseignement de l'Etat et l'esprit de la société moderne ; il s'adressa à la ville de Paris pour la fondation d'un *collège français* « offrant aux jeunes gens qui se destinent au commerce et à l'industrie, avec des études plus spéciales, mieux appropriées que celles des lycées à leur future carrière, une éducation aussi propre à élever leurs cœurs et leurs esprits ».

Ce principe résume l'histoire du Collège Chaptal et explique ses succès : tenir compte des aptitudes et des vocations des élèves.

Mais, si cette tâche est difficile pour un père dont la famille est un peu nombreuse, combien plus se montre-t-elle aride lorsqu'il s'agit d'une agglomération qui, le 22 novembre 1894, comptait 1 391 élèves !

Dès que le nouveau Collège commença à prospérer, Goubaux comprit la difficulté ; il institua ce qu'on appelle à Chaptal *des professeurs généraux,* aujourd'hui directeurs d'études. Ce sont des professeurs qui, du moins dans les classes supérieures, restent attachés aux mêmes élèves pendant deux ans ; ils font personnellement des classes, soit de littérature, soit de sciences, mais assistent aux cours que leurs collègues font à leurs élèves, pour se rendre compte du travail de ces derniers dans toutes les matières de l'enseignement, surprendre les points faibles de leur instruction, étudier leurs caractères, en un mot remplir véritablement auprès d'eux le rôle de pères de famille.

Certes, le choix des directeurs d'études est des plus délicats ; il y a en eux plus que le professeur ordinaire : l'homme de science doit se trouver doublé d'un éducateur. Il en est ainsi des meilleures institutions humaines, leur valeur est proportionnée à celle des hommes qui les mettent en pratique. Si Goubaux n'eut pas toujours la main heureuse (il lui était peut-être difficile d'agir autrement à cette époque), on peut dire que son idée a peu à peu reçu son véritable développement dans la pratique ; avec les années, cette institution des directeurs d'études s'est perfectionnée et elle continuera à s'améliorer chaque jour à cause de la facilité que rencontrera l'autorité supérieure à faire ses choix.

Mais la conséquence même de ce soin à veiller sur les élèves, à deviner leurs aptitudes, à apprécier leurs capacités pour leur donner la possibilité de retirer de leurs études tous les avantages possibles, devait amener fatalement Goubaux et ses successeurs à développer le cadre du Collège. Tout d'abord il s'est agi, en réalité, de ce que nous appelons aujourd'hui l'enseignement primaire supérieur, tel que le prévoyait la loi de 1833, mais avec quelque chose de plus qui a été défini plus tard sous le nom d'enseignement spécial et qui est devenu l'enseignement commercial et industriel ; mais l'industrie a besoin d'ingénieurs et il a fallu toucher à l'enseignement secondaire des sciences et à l'enseignement scientifique supérieur. De là ces accroissements successifs que nous trouvons dans l'histoire de Chaptal, que nous croyons inutile de raconter dans le détail, mais dont l'indication suffit pour marquer l'originalité du Collège. D'autant plus qu'ils se sont pour ainsi dire imposés sans secousses, sans transformations brutales, par la force même de la nécessité, en obéissant à la loi du progrès. Aussi a-t-on vu, lorsque le baccalauréat ès sciences vivait encore et que la version latine y était demandée aux candidats, les élèves de Chaptal qui voulaient y parvenir, mais ceux-là seulement, recevoir les leçons de langue morte nécessaires, sans que l'ensemble du Collège cessât d'être un établissement d'instruction primaire supérieure, doublé d'un collège français et surtout d'un collège scientifique.

Il en a été de même lorsque l'enseignement moderne a été constitué. Chaptal, qui s'est trouvé, au point de vue de l'enseignement, rattaché à l'Etat, comme vous savez, a pu sans difficulté subir une nouvelle transformation du côté littéraire sans que les études scientifiques ni l'instruction primaire supérieure aient reçu aucune atteinte. L'idée première de Goubaux semble, au contraire, plus que jamais, avoir reçu son application exacte : les enfants tout jeunes entrent à Chaptal dans des classes où l'on fait de l'instruction primaire élémentaire et qui sont confiées à des instituteurs sortis de votre école normale d'Auteuil, Puis, au fur et à mesure qu'ils grandissent, on les dirige, suivant le vœu des familles et les conseils de leurs maîtres, soit vers l'enseignement primaire supérieur, puis l'enseignememt commercial, soit vers l'enseignement secondaire moderne. Et si, quelque temps après, on s'aperçoit qu'on s'est trompé, ce qui peut arriver, si, pour une circonstance quelconque les études doivent être abrégées ou peuvent être prolongées, l'élève change de route facilement, sans tous les ennuis et quelquefois les dangers d'un changement d'établissement.

C'est là, messieurs, un des grands avantages de votre Collège : son caractère mixte d'établissement d'enseignement primaire supérieur et scientifique et d'enseignement secondaire moderne. Les résultats du premier sont excellents, vous venez de le voir, et ceux du second ne laissent rien à désirer, vous pouvez en juger par les résultats obtenus au concours général : six prix et trente-deux accessits; en tout trente-huit nominations.

Nous avons sous les yeux le tableau statistique dressé à la Sorbonne, indiquant pour chaque établissement les nombres des compositions auxquelles il a pris part, des concurrents qu'il a envoyés et des points qu'il a obtenus *d'après une valeur donnée à chaque nomination.*

D'après cette statistique, le nombre de points obtenus par cent concurrents a été : pour le lycée Louis-le-Grand, 191 ; pour le lycée Henri IV, 120 ; pour le Collège Chaptal, 118 ; l'établissement qui est marqué ensuite comme ayant obtenu le plus de points en a 114,7.

Votre Collège arrivait donc troisième; mais, en regardant de plus près cette statistique, on s'aperçoit que les nominations dans l'enseignement classique ont une cote plus élevée que dans l'enseignement moderne. Ainsi un premier prix dans celui-ci n'est compté que 10 points, dans celui-là 15 points, et ainsi de suite jusqu'aux huitièmes accessits, où l'on retrouve cette différence de cinq points.

Nous n'avons ni le droit, ni la prétention de nous prononcer sur cette différence de traitement, mais nous avons tenu à vous la signaler, car, si l'estimation avait été égale pour tous les enseignements, peut-être votre Collège eût-il pu obtenir tout au moins la seconde place.

C'est là un véritable succès, d'autant plus qu'il est dû entièrement à l'organisation du Collège, au zèle des maîtres et aux efforts des élèves, puisque, suivant les sages règlements que vous avez institués pour cet établissement, aucun boursier ne peut y parvenir que par la voie du concours, et s'il habite Paris ou la banlieue.

Mais la gloire se paye.

Aujourd'hui, la transformation du Collège Chaptal d'après les nouveaux règlements étant complète, il nous a paru utile de mettre sous vos yeux l'augmentation de dépenses en personnel qu'elle a occasionnée à la ville de Paris en comparant les deux budgets de 1892 et de 1895 :

Budget du personnel en 1892 . . . . 505 175 fr.
Id.   en 1895 . . . . 628 900 »

En plus pour 1895 . . . . 123 725 fr.

Voici les motifs de cette augmentation :

627 heures de cours, professeurs délégués et professeurs d'enseignements accessoires, portés de 200 francs à 300 francs, de 250 francs à 350 francs, de 300 francs à 400 francs par heure, soit une augmentation de 100 francs par heure (décret du 3 août 1890) . . . . 62 700 fr.

24 professeurs recevant une indemnité de 1 000 francs pour direction d'études (décret du 3 août 1890) . . . . 24 000 »

8 instituteurs adjoints débutant à 3 700 francs au lieu de 2 600 francs (décret du 3 août 1890). . . . . 8 800 »

15 maîtres répétiteurs externes à 1 500 francs l'un (délibération du Conseil municipal) . . . . 22 500 »

Total . . . . 118 000 fr.

La différence entre ce chiffre et celui de 123 725 francs que nous avons annoncé plus haut provient de l'augmentation de traitement des gagistes et des augmentations réglementaires.

Ces sacrifices, que vous vous êtes imposés, sont considérables, mais vous n'avez pas à les regretter : ils sont bien employés puisqu'ils ont amélioré la situation d'un personnel enseignant absolument dévoué aux enfants que la Ville lui confie.

Telle est la situation de votre Collège, messieurs ; aussi nous croyons être l'interprète du Conseil, comme nous sommes celui de votre quatrième Commission, en adressant nos remerciements à tous les professeurs du Collège Chaptal et en particulier à son directeur M. Coutant, qui dès l'abord a si bien compris l'esprit de cette institution originale et en a si heureusement développé les bons effets, et à M. Boucher, préfet des études, ancien élève du Collège, qui lui a voué un amour si profond, et que nous avons été heureux de voir cette année admis dans l'ordre de la Légion d'honneur.

En terminant, j'ai une demande à vous adresser, au nom des anciens élèves, au nom des vieux amis de Goubaux et au nom du Conseil d'administration. Ils vous prient de décider que désormais le Collège s'appellera *Chaptal-Goubaux*.

C'est l'hommage le plus grand que vous puissiez rendre au fondateur de cette institution, au moment où son idée première a reçu son complet épanouissement. Si vous êtes de cet avis, vous voterez le projet de délibération qui se trouve à la fin de ce rapport.

CONCLUSION

Désireux de donner autant que possible satisfaction aux amis et aux anciens élèves de M. Goubaux (voir, dans la première partie du volume, la notice de M. Legouvé), prétendant aussi honorer de concert avec eux la mémoire du fondateur du Collège Chaptal, le Conseil municipal, dans sa séance du samedi 15 décembre 1894, a adopté, après la lecture du rapport de M. Clairin, une proposition tendant à ajouter à l'inscription : « COLLÈGE CHAPTAL », les mots suivants : « FONDÉ PAR PROSPER GOUBAUX EN 1844 ».

Il est à peine besoin d'ajouter que les fêtes du cinquantenaire du grand collège municipal ne pouvaient trouver une plus heureuse conclusion.

CHENE & CONQUET. Imp.

POÉSIES

DITES PAR Mme REICHENBERG

DE LA COMÉDIE FRANÇAISE

AUX FÊTES DU CINQUANTENAIRE

LUCIE, D'ALFRED DE MUSSET

SONNET D'ARVERS

AVEC MUSIQUE DE SCÈNE

PAR

PIERRE TRAUT

ANCIEN ÉLÈVE DU COLLÈGE CHAPTAL

LUCIE

d'ALFRED de MUSSET

MUSIQUE DE SCÈNE

par PIERRE TRAUT

Extrait des Œuvres d'ALFRED de MUSSET; édition Charpentier

_vant, flotter sa blanche main. Ce n'était qu'un murmure; on eût dit
les coups d'aile D'un zéphir éloigné glissant sur
les roseaux, Et craignant en passant d'éveiller les oiseaux.
Les tièdes voluptés des nuits mélancoliques
Sortaient autour de nous du calice des fleurs.

Les marronniers du parc et les chênes antiques Se berçaient
cresc.
doucement sous leurs rameaux en pleurs.
dim
Nous écoutions la nuit; la croisée entr'ouverte Laissait venir à nous les par_
Andante.
p
_fums du printemps; Les vents étaient muets, la plaine était déserte;
Nous étions seuls, pensifs, et nous avions quinze ans. Je regardais Lucie.

Elle était pâle et blonde. Jamais deux yeux plus deux n'ont du ciel le plus pur Sondé la
profondeur et réfléchi l'azur. Sa beauté m'enivrait; je n'aimais qu'elle au monde. Mais je
croyais l'aimer comme on aime une sœur, Tant ce qui venait d'elle
était plein de pudeur! Nous nous tûmes longtemps; ma main touchait la sienne.
Je regardais rêver son front triste et charmant,Et je sentais dans l'âme, à chaque

mouvement, Combien peuvent sur nous, pour guérir toute peine, Ces deux signes jumeaux de-
cresc.
sfz
paix et de bonheur, Jeunesse de visage et jeunesse de cœur.
La lune, se levant
pp
p
dans un ciel sans nuage, D'un long réseau d'argent tout à coup l'inonda.
Elle vit dans mes yeux resplendir son image:
Son sourire semblait
d'un ange:
elle chanta.

Fille de la douleur, Harmonie! Harmonie! Langue que pour l'amour
sfz animez.

inventa le génie! Qui nous vins d'Italie, et qui lui vins des cieux! Douce langue

du cœur, la seule où la pensée, Cette vierge craintive et d'une

ombre offensée, Passe en gardant son voile et sans craindre les yeux!

Qui sait ce qu'un enfant peut entendre et peut dire Dans tes soupirs

divins, nés de l'air qu'il respire, Tristes comme son cœur et

doux comme sa voix? On surprend un regard, une larme qui coule; Le reste est un

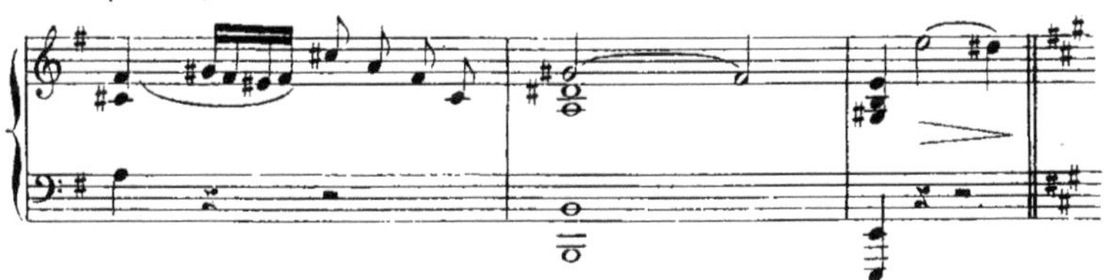

mystère ignoré de la foule, Comme celui des flots, de la nuit et des bois!

Nous étions seuls, pensifs; je regardais Lucie. L'écho de sa romance en nous semblait
p

frémir.
Elle appuya sur moi sa tête appesantie.
Sentais-tu dans ton cœur Desdémona gémir, Pauvre enfant?
Tu pleurais; sur ta bouche adorée Tu laissas tristement mes lèvres se poser,
Et ce fut ta douleur qui reçut mon baiser. Telle je t'embrassai,
froide et décolorée, Telle, deux mois après, tu fus mise au tombeau; Telle, ô ma chaste fleur!

tu t'es évanouie.
Ta mort fut un sourire aussi doux que ta vie,
cresc.
sfz dim.
Et tu fus rapportée à Dieu dans ton berceau.
pp
sfz
Tempo 1º
Mes chers amis, quand je mourrai,
p
Plantez un saule au cimetière.
J'aime son feuillage éploré, La pâleur m'en
est douce et chère, Et son ombre sera légère A la terre où je dormirai.

A Madame REICHENBERG, de la Comédie française

SONNET D'ARVERS

MUSIQUE DE SCÈNE

par PIERRE **TRAUT**

Et j'aurai jusqu'au bout fait mon temps sur la terre, N'osant rien
demander et n'ayant rien reçu. Pour elle, quoique Dieu l'ait faite douce
et tendre, Elle ira son chemin, distraite et sans entendre Le murmure d'amour
élevé sur ses pas, A l'austère devoir pieusement fidèle. Elle dira, lisant ces vers
tout remplis d'elle: " Quelle est donc cette femme," et ne comprendra pas.
1º Tempo.
mf
p suivez.
pp
cresc:
dim.

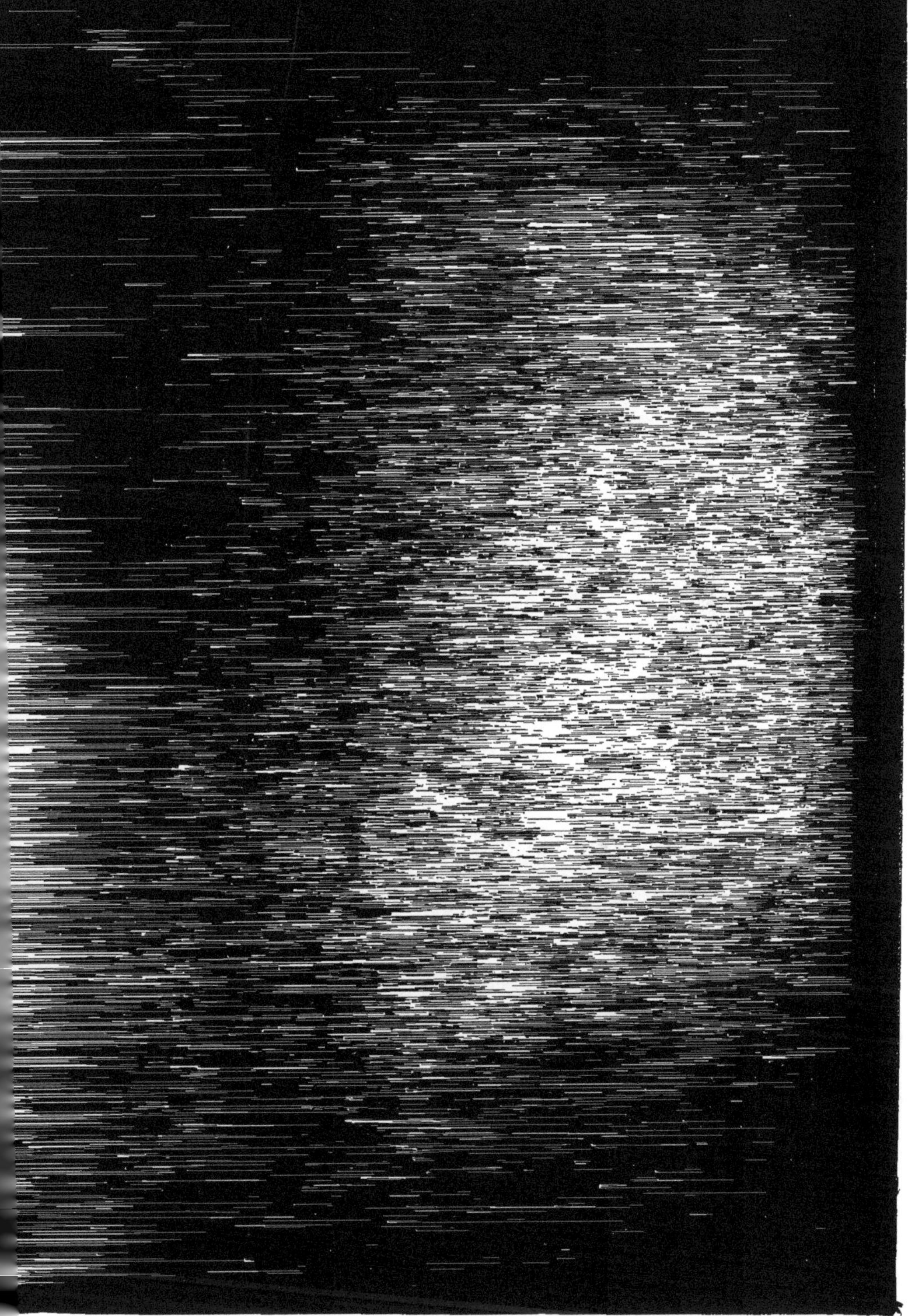